松重和美 監修／竹本拓治 編著

キャリア・アントレプレナーシップ論

地域を創造するキャリアのデザインと
真の男女共同参画社会の構築

萌書房

監修者より

　世界，世の中は大きく変化しています。現在の日本の社会・経済状況，そして日本に求められることも，かつてとは大きく変わってきています。以前は，欧米に進出していくためのビジネスモデルを作り上げることでしたが，今求められているのは，日本の創意ある取り組み，そしてアジア社会へのモデル提供です。1970年代からの日本の驚異的な高度経済成長，そしてその後の停滞・低迷感から克服しようとする多様な取り組みは世界から強い関心を集めています。これからも，日本は東日本大震災に関わる問題群やそれ以前から存在していたエネルギー・環境・高齢化問題などの全地球的課題，そして焦眉の地方再生・地域創生にも立ち向かっていく必要があります。

　こうした課題解決のためには，皆さん多様な方々のキャリア形成も大きな鍵を握ると思われます。これからの日本の社会で鍵となる女性のキャリアを考えましょう。例えば福井県は，幸福度が高い県といわれておりますが，女性の有業率も高く，また三世代家庭も多く，女性・家族を大事にしている県です。一方，四国大学が位置する徳島県は女性社長の割合や，男性の育児への参加率も高いといわれています。これからの日本の地域創生には，こうした女性の起業も大きな要素となるでしょう。

　今後もますます若者や女性が活躍することで，地域は豊かになっていき，ひいては，日本やアジア・世界の幸福にも貢献できると信じています。

　地域から全国へ，そして世界へ，皆さんそれぞれがリーダーシップを発揮し，社会を変革するイノベーションを興こすような活躍をされることを期待しています！

四国大学学長・京都大学名誉教授・元副学長

松 重 和 美

これからの日本を支える人々への激励

　仕事にコンピュータを使うようになって，便利になったと思いつつも，ふと，「でも結局は仕事が増えただけなんだよなぁ」などと感じたことはないでしょうか。文明の進歩とともに世の中が便利になることが，人々が幸福になることと完全にイコールではないということを私たちは直感的に分かっているのだろうと思います。

　ところが，インターネットで産地から直販することが簡単にできるようになることで，畑や裏山，そしてキッチンすらも個人的な市場にすることができるようになり，新しいビジネスが生まれました。その結果，昔には考えられなかった「幸せ」が生まれていることも事実です。

　大事なのは「便利になる」ことではなくて，「やりたくてもできなかったことができるようになる」＝「便利さを夢の実現に使う」ことなのだと思います。この点，就業意識の高い人々がその感性やキャリアを活かし，様々な夢の実現に向けて仕事に取り組まれることは，新しい「幸せ」を生む原動力となるものとして非常に重要なものであるはずです。

　大げさなことである必要はありません。便利になった世の中を利用し，身近なところから夢の実現に向かって進んでいたければと思います。

福井大学産学官連携本部長・教授

米 沢　　晋

まえがき

　次の質問を見てください。
「明治維新が達成されなければ，今の日本はどのような姿になっていたでしょうか」。
　もちろんこの質問の解答に，明確な正解はありません。また皆さん個々の考えにより，様々な思いを巡らせることでしょう。大切なことは，この質問に対し真剣に考えることです。
　私たちの社会，自分の生き方において，最良の決定がなされ，最適な状態にあったとします。しかしグローバルにつながる世界は常に変化をしています。するとその変化は，私たちの身近な社会に波及します。身近な社会の変化はその社会に属する人の生き方にも影響を与えます。すると先ほど述べたある時点においては最良の決定，最適な状態であったとしても，このような変化と影響により，それぞれ最良，最適ではなくなってくる可能性があります。常に環境の変化に合わせ，方向を修正していかなければならないということです。まわりからの受動的な影響に合わせ，方向の修正という能動的な変化を行わなければ，いずれは問題が発生し，行き詰まりを起こします。
　多くの場面で私たちは変化より現状の維持を好みます。またこうある方が望ましいと分かっていても，他人の行動を変えるのはきわめて難しいものです。
　行動経済学では，人は正しい情報を得たとしても，必ずしも合理的な意思決定をするとは限らないという立場を取ります。よって人の行動を変えることが難しいならば，その人の行動を変えるのではなく，その人の行動が自ずと変わるような仕組みと社会が必要です。ではどうすればそのような仕組みと社会が生まれるのでしょうか。
　好ましくない事態や外圧により，人々は大きく変化をしようと動きます。それでも変化を好まない人もいます。しかし好ましくない事態や外圧は，その時々の割合の差はあれ，一部の人を已むに已まれぬ行動へと駆り立てます。明治維新は，私たちの日本の社会を急速な近代化へと動かしました。
　では好ましくない事態が起こることを待つしかないのでしょうか。この好ま

しくない事態こそ，先に述べた，まわりの変化に合わせ能動的な変化を起こせなかった場合に発生してしまう問題，起こるべくして起こる行き詰まりです。

行き詰まる前に避ける手立てが必要です。行き詰まりを避ける鍵は，人自身の気づき，そして気づきの連鎖による社会全体の大転換にあります。ここに本書の最大の目的があります。個人の気づきにより，生き方が変わる。そしてまわりの社会に影響を与える。その影響が気づきの連鎖を生み，やがて社会全体の世論が変わる。社会の価値観さえも大転換させる。そのような変化を繰り返す社会に住む人々は，より良い生き方を享受できます。

何かとてつもなく大きなことのようで，雲をつかむような話に聞こえるかもしれません。しかし歴史を見返すと，ある特定の気づき，少数のマイノリティの意見について，それが正しいことがやがて理解され，受け入れられ，180度の価値観の転換，まさにコペルニクス的転回を起こした例はいくつもあります。それは国レベルの革命であったり，科学における世紀の大発見，古代歴史の新たな解明であったりと，分野や専門，非専門を問いません。

大切なことは，まずは個人の考え方の変化です。そのために必要な学びを得ること，そして多面的な視点を得ること，その上で今の社会の当たり前をもう一度見直すこと，何か大きな見落としはないか，目の前のチャンスを見過ごしていないかを考えることです。

私が中学生，高校生の頃にほぼすべての作品を読了した大好きな作家がいました。著作を読んでいたのがもう25年ほど前のことですので，正確な記憶ではありませんが，その著作の1つに次のようなストーリーがありました。毎日，自由気ままな生活をしている主人公，仕事をする必要はありません。毎日，召し使いがやってきて，食事をはじめ身のまわりの世話をやってくれます。しかしある時に気づきが訪れます。その主人公は飼われている動物という立場であったことです。自由だと思っていたのは，その主人公の狭い視野，考え，世界の中での話で，実は自由ではなかったのです。仕事をする必要がないというのは，その主人公の捉え方の問題のようです。このような例は世の中の様々な場面で存在するはずです。

福井大学では2012年度に福井大学政策科学研究会として，社会的課題の考察をはじめ，2013年度，2014年度と，1つの大きな課題に取り組みました。そ

れは女性のキャリアの考察です。本文にも触れていますが，日本では同じ教育を受けた男女の学力差はほとんど存在せず，双方ともに世界のトップレベルです。しかし実際に多くの分野では，男性が中心となっています。多くの方々が，女性の活用の必要性や男性中心社会に内在する課題を挙げています。研究会としても，それらをまとめ，個々に解決の道筋をつけようという考えで進めていました。

しかし研究調査を進めていくうちに，この大きな課題は，数値の分析や，先行研究の見直し，まとめといったレベルでは解決できそうにない，とてつもなく大きな課題であることを認識し始めました。確かに女性を活用する場がなかったのか，自ら活動しようという人が少なかったのか，その双方を含んでいるのでしょう。確かに今までに使われていなかった女性の能力を活かせば，日本は間違いなく変わるのでしょう。つまりその意味では，日本という国には大きな伸び代があることも事実でしょう。

しかしなぜ社会がすぐに変わらないのでしょうか。社会の様々な場面で経験を持つ男性を，とにかく女性に変えていくという，目先の数値目標の達成にとらわれているからでしょうか。それはないとはいえません。経験を積むという時間も，男女ともに平等に得ないといけないでしょう。では出産イベントや育児の問題でしょうか。他国ではすでに解決されつつある問題ですが，日本では少なからずそのような問題が根底にはあるでしょう。

ともあれ今の経済社会は，その多くが男性中心です。女性のキャリアについて，受け入れ側の経済社会を構成している男性が，まずは個々に気づきを得なければいけません。男性は自分たちの世界に女性を受け入れることで，自分たちの社会が大きく変わり，そのメリットを享受できると考えているのでしょうか。またそれが本当に最適な決定なのでしょうか。

また，果たして女性は皆活躍したいと思っているのでしょうか。このような根本的な問題を考察せずして，女性に活躍をしなさいという方針だけを掲げても，成功するはずがありません。

前半に述べたことを，繰り返します。人の行動を変えることが難しいならば，その人の行動を変えるのではなく，その人の行動が自ずと変わるような仕組みと社会が必要です。そうです。研究会が女性のキャリアを研究調査していく中

で，辿り着いた結論はこの点でした。

　本書は女性が日本の社会を変える鍵であることを念頭に，私たち全員が自ずとキャリアを変えるような気づきを得るには，どのようにすればよいか，どのようにあればよいか，そしてそのための精神と方法をキャリア・アントレプレナーシップ論としてまとめました。キャリア・アントレプレナーシップとは，2つの言葉の合成です。それぞれの言葉は別々の意味を含んでいます。またこの言葉の組み合わせを，やや異なる意味で使われることもありますので，本書では「キャリア・アントレプレナーシップ」を，「仕事による自己実現を通し，地域を変革する創造的破壊力を育む精神」と定義しました。

　本書では最初の章で，「思考の枠」と「多面的なものの考え方」について説明しています。その上で，キャリア・アントレプレナーシップを持つための基本的なスキル，「フィールドワーク」について解説しました。これらを地域にイノベーションを生み出す基本的な考え方とスキルとして総論的に第Ⅰ部としています。第Ⅱ部では，地方を創生する考え方に重きを置きました。「ファイナンシャル・リテラシー」「クラウドファンディング」「知的財産」「社会起業」についてまとめています。第Ⅲ部では，女性のアントレプレナーシップについてまとめています。社会を変えるために必要な「アントレプレナーシップ」，「ライフコース」「男女共同参画社会」「家計」について，第Ⅰ部，第Ⅱ部で学んだことを踏まえ，読んでいただくと，新たな気づきが生まれるでしょう。最後の第Ⅳ部では，読者が現代社会をどのように構築していくべきかについての示唆を記載しました。最初に第Ⅳ部を読むと唐突感極まりない内容だと思います。しかし本書が読者に何を伝えたいのかを少し気にしながら，第Ⅰ部から順に読み進めていただければ，きっと自然に理解をしていただけるはずです。「女性の視点」「女子文化」「おしゃべり」「ゲーム」などの現代社会における可能性を解説しています。

　老若男女に関係なく，これからの日本を担う方々が，キャリア・アントレプレナーシップを持って，世界と日本を変えていくことを期待して止みません。

　最後になりましたが，本書のもとになった前著『男子にも読んで欲しいふくい女子のためのキャリアデザインノート』の作成の時から支援をいただいた福

井大学の平成25年度および平成26年度における地域貢献活動支援金，行動介入の研究を進めている科学研究費補助金（25590260），また中山隼雄科学技術文化財団様，パーソナルファイナンス学会様のご支援により，本書はようやく完成に至っております。また前著がまだ完成すらしていない時に本書の趣旨にご賛同いただいた萌書房の白石代表，前著作成時から研究会の進行や連絡にご尽力いただきました分担執筆者でもある越智先生をはじめ，執筆にご協力いただきました岡田先生，佐藤先生，宮井先生，若新先生に，深く感謝いたします。

2015年8月

竹本 拓治

目　次

監修者より

これからの日本を支える人々への激励

まえがき

第Ⅰ部　地域にイノベーションを生み出すキャリア・アントレプレナーシップ

第1章　思考の枠とキャリアの形成 ……………………………………… 5
　　　　　──国際的なバランス感覚を持ちキャリアを構築する

　1　思考の枠とイノベーション　　5
　2　思考の枠を越えるキャリアの教育　　9
　3　世界の動きから思考の枠を知る　　18

第2章　フィールドワークのエッセンス……………………………… 25
　　　　　──質的な社会調査法をキャリアに取り入れる

　1　フィールドワークの手法　　25
　2　教室内におけるフィールドワーク　　28
　3　イノベーションのフィールドワーク　　31
　4　フィールドワークとキャリア　　33

第Ⅱ部　地方を創生するソーシャル・イノベーションに向けたキャリアの考え方

第3章　ファイナンシャル・リテラシー……………………………… 37
　　　　　──ファイナンスの知識を社会的課題に活かす

　1　ファイナンス（金融）を学ぶ意味　　37
　2　お金とのおつき合い　　41
　3　ファイナンスの個人と全体　　43
　4　お金に意思を持たせる時代　　45

第 4 章　クラウドファンディングの活用……………………………… 47
　　　　　──ファイナンススキームを地域の創生に応用する
　　1　現代社会とクラウドファンディング　47
　　2　クラウドファンディングの種類　50
　　3　共感と応援の資金調達の日本における可能性　54
　　4　日本式クラウドファンディングで地方創生　61

第 5 章　知財とイノベーション………………………………………… 65
　　　　　──知財学習からソーシャル・イノベーション思考を養成する
　　1　知財教育とアントレプレナーシップ　65
　　2　知財からソーシャル・イノベーションにつながる思考法　66
　　3　知財からソーシャル・イノベーション思考を養成　70
　　4　キャリアデザインにおける知財──思考の養成からイノベーションの創出　72

第 6 章　社会起業とキャリア…………………………………………… 77
　　　　　──自分と地域社会を元気にする
　　1　社会課題解決に向けたビジネスが注目される背景　77
　　2　社会的企業の諸相と実像──非営利型と営利事業型の比較　79
　　3　キャリア・アントレプレナーシップとしての社会起業　84

第Ⅲ部　これからの社会を変革する女性のアントレプレナーシップ

第 7 章　アントレプレナーシップとキャリア ………………………… 93
　　　　　──アントレプレナーシップが社会を変える
　　1　アントレプレナーシップ（Entrepreneuership）　93
　　2　女性のアントレプレナーシップ　95
　　3　女性による起業の割合　98
　　4　アントレプレナーシップが生み出すビジネス　100

第 8 章　ライフコースとキャリア……………………………………… 112
　　　　　──男女の労働力率を比較する

1　現代日本の労働力率の特徴　　112
　　2　女性の労働力率と性別役割分担との関係　　115
　　3　時代による女性の労働力率の変化　　116
　　4　多様なキャリアとライフコース　　119

第9章　男女共同参画社会におけるキャリアデザイン……………………123
　　　　　──ソーシャル・イノベーションをもたらす能力を高める
　　1　学びとキャリアデザイン　　123
　　2　働く女性のキャリアデザイン　　127
　　3　キャリアデザイン　　129

第10章　家計とキャリア……………………………………………………134
　　　　　──ライフサイクルと給与から見る
　　1　ライフサイクルから見る人生　　134
　　2　ライフサイクルと人生設計・キャリア　　136
　　3　ライフイベントとお金　　137
　　4　生涯収支と働き方　　139
　　5　女性のキャリアと収入モデル　　140

第Ⅳ部　現代社会の変容とキャリア・アントレプレナーシップ

第11章　女性の視点が生み出す多様な製品………………………………145
　　　　　──ユーザビリティやアクセシビリティから生活の快適性を追求する
　　1　開発現場での多様な視点　　145
　　2　開発現場での女性の活躍　　147
　　3　生活の快適性を求めて　　151

第12章　女子文化とビジネスの形……………………………………………154
　　　　　──自分の好きなことを仕事にする
　　1　女性の社会進出と女子の文化　　154
　　2　女子文化を牽引する文化系女子　　156
　　3　女性文化における「好き」と仕事　　159

第13章　ゆるいコミュニケーションとマニアックな市民……………………164
　　　　──「おしゃべり」の解放が，地域社会の日常を面白くする

　1　「マニアックな市民」の台頭　　164
　2　日常の改革──輝きを失う「都会」と「週末」　　165
　3　ゆるいコミュニケーション　　168

第14章　ゲームがもたらす可能性 …………………………………………174
　　　　──ゲームで地域の社会的課題を解決する

　1　ゲームの概念　　174
　2　ゲームの可能性　　178
　3　オンラインゲームの可能性　　183
　4　ゲームの社会的課題を解決　　190

キャリア・アントレプレナーシップ論
地域を創造するキャリアのデザインと真の男女共同参画社会の構築

第Ⅰ部

地域にイノベーションを生み出す
キャリア・アントレプレナーシップ

第1章 思考の枠とキャリアの形成

──国際的なバランス感覚を持ちキャリアを構築する

> 斬新な発想は普段の生活からは，生まれにくい。しかし日常の生活において，頭の中を少し非日常に変えて考えてみる工夫はできる。非日常に変えるとは，普段，私たちが考えている範囲から外に飛び出すことである。"Think outside the box" といわれることがあるが，その範囲，箱のことを「思考の枠」という。
>
> 本章では，キャリアの考え方における思考の枠とは何か，思考の枠から外に出ることの必要性，歴史事例を通して思考の枠外で考える効果について解説する。この考え方を知ることが，キャリア・アントレプレナーシップを学ぶ第一歩になる。

① 思考の枠とイノベーション

1-1 思考の枠外からの発想の転換

人は生まれ育った国や環境により，それぞれの文化や自然に触れ，その国の教育を受ける。そして地域における集団活動や家庭を通じ，他者との会話が行われる。そのような中で徐々に，その人の考え方が形成される。

一般的に「思考の枠」とは，思い込みや固定観念というような解釈をされるが，本書では成長の中で形成された固定観念という，後者の意味に近い言葉として扱う。

新たな解決法を得るために，発想の転換の必要が様々な場面で述べられる。発想の転換とは，それまでの考え方を変えることである。確かに発想の転換に

図表1-1 思考の枠外から発想の転換を図る

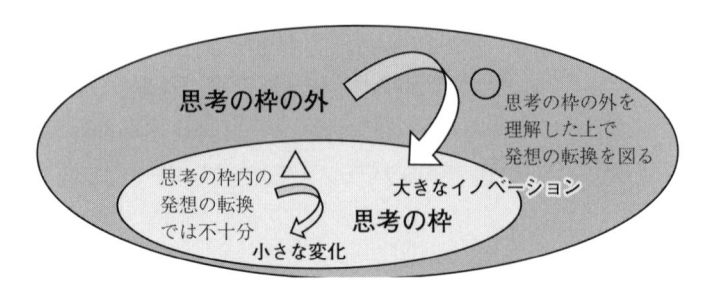

[図: 思考の枠の外／思考の枠／大きなイノベーション／思考の枠内の発想の転換では不十分→小さな変化／思考の枠の外を理解した上で発想の転換を図る]

より気づきが生まれ，時には新たな解決法が生まれることがある。しかしそれは多くの場合，一定の前提の枠内にある小さな変化である。

しかし，私たちが普段ものを考えている思考の枠を外した上で，発想の転換を図ると，それは小さな変化ではなく，社会を変える大きなイノベーションを起こすことも可能になる。本書では**図表1-1**のように，思考の枠を持ちつつも，その枠にとらわれない個人のキャリアの形成を通じて，地域に変革をもたらすキャリアの形成を目的とする。

1-2 外部の風を入れることによる気づき

普段，当たり前と思い込んでいる，私たちが認識可能な範囲の中で生活をしていると，その中で最良の選択をすることが正解であると信じ，それ以外の選択肢を排除しがちである。しかしその最良は，限られた範囲の中の最良であり，その範囲外を含めて考えると，その小さな範囲では最良でなくなる選択肢であっても，より大きな範囲ではより良い選択肢である場合，つまり小さな範囲の中の最良以上のリターンをもたらすことがある。

図表1-2では，数字を用いて単純化する。方法AとBの2つの選択肢があり，方法Aは一般的に2割の支持，方法Bは一般的に4割の支持を得るものとする。ここで，ある特殊な集団100の中では，方法Aはこれまでその6割に支持されてきたとする。するとその集団では，方法Aは60の支持を得て，40の支持しか得ない方法Bより良い選択肢に見える。実際にこの集団に限ればそれは間違いではない。

図表1-2　方法Aが最良とする考え方は，思考の枠の中だけでの最良かもしれない

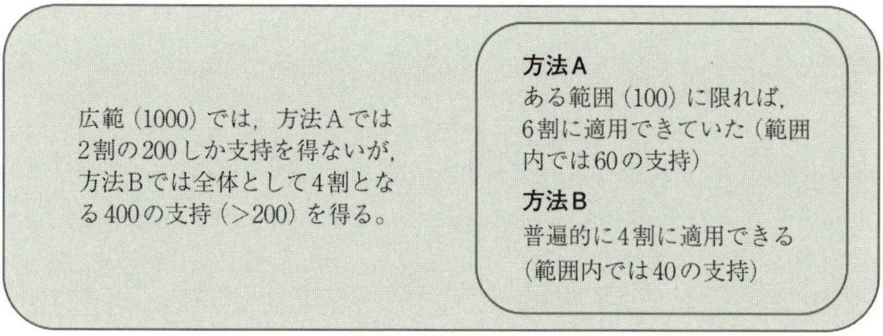

広範（1000）では，方法Aでは2割の200しか支持を得ないが，方法Bでは全体として4割となる400の支持（＞200）を得る。

方法A
ある範囲（100）に限れば，6割に適用できていた（範囲内では60の支持）
方法B
普遍的に4割に適用できる（範囲内では40の支持）

しかし一般化された1000の集団まで範囲を広げると，方法Bはその4割の400の支持を得ることになる。一方で方法Aはある特定の集団100の中では60の支持を得たものの，一般的には2割となる200の支持しか得ない。つまり方法Aはある特殊な集団を対象にすべき時にしか取るべきではないといえる。世界が常にこの集団を隔離していれば，方法Aという選択肢は正解である。しかし，世界が徐々に（または急速に）ボーダレス化しているとすれば，何が起こるであろうか。この集団における選択である方法Aは最良の選択ではなくなる。しかし，この集団にとって，選択の変化の必要という気づきを得るのは至難の業であろう。

ここでいうある集団の線引きをしているものが思考の枠であり，その思考の枠にとらわれると，実際にはそうではないにもかかわらず，「すべての選択肢の中で普遍的に」方法Aが最良のように見えてしまうことがある。

このような思考の枠は，もちろん地域という区別だけでなく，産業分類，宗教や政治の思想など，様々な世界で存在する。長距離航海が可能になった16世紀のヨーロッパにおけるグローバル化（そしてその後の日本に影響を与えることになる日本開国への舵取り），インターネットがもたらした現代のグローバル化（その情報通信技術を応用してイノベーションを起こしたオールドエコノミー），それぞれにおいて枠内から枠外へと思考を拡張できた者が勝者となっていることは，改めて述べるまでもない。

特定の集団が外の世界と隔離されていたとしても，隔離された壁を取り払うなど，見方や方法，対象を少し変えるだけで，集団内で最良ではない選択肢が，

実はより大きな成果を生み出す。そのような事実の気づきは，その集団内から生まれにくい。外部のものが当該集団にやってきた時，その外部のものが感じる違和感から生まれる気づきが，この集団にイノベーションを起こすかもしれない。

　また，間違いなく世界はこれからもボーダレス化が進むであろう。外部の風を入れ，そこから気づきを得ること，その気づきを活かすことが，ある特定の範囲に対しイノベーションを起こし，世界から取り残されるその集団を救うかもしれない。

1-3　デザイン思考

　「もし顧客に望むものを尋ねたら，『もっと速い馬』と答えるだろう」。
　アメリカの自動車会社フォード・モーターを起業したヘンリー・フォード(Henry Ford) が語ったとされる言葉である。読者はこの言葉の意図を理解できるだろうか。現代社会では，至る場所で自動車が走っており，その光景が当たり前になっているが，自動車が普及する前の時代を想像してほしい。長距離移動の手段が馬であった時代に，顧客は自動車を想像することができないというのが，この言葉のポイントである。まさに「移動手段は馬のみである」という思考の枠にとらわれているのである。
　ティム・ブラウン(Tim Brown) によると，デザイン思考(design thinking) とは，デザイナーの感性と手法を用い，ニーズとシーズを結びつけるものであり，ビジネスにデザイナーの感性と手法を用いて価値と市場を創出するものとされる。つまり顧客が望むものを作るためにどうするかという基本に立ち返り，どう売るかを考える思考である。
　まず，自分たちが日常的に考えている「思考の枠」を知り，そこから外にあるものを見つけ出す「気づき」を得るプロセスが要求される。次にそれらから自分たちの思考をまとめ，思考の枠を明確化する。その上で改めて，その枠の外に関し考察を行い，日常的な思考の外にあるものを探り出すのである。
　ではこの「気づき」を得るプロセスにより，どのような考え方が生まれればよいだろうか。それは必要とされる要求を再認識することが挙げられる。先の馬の例では，馬による移動が中心の時代に人々はクルマというモノ自体を想像

することは難しい。だから「より速い馬」を要求するのである。そのために馬の生産ビジネスでは，能力を持った馬を生むための配合理論や，生まれた馬を訓練する手法を開発することに力を入れるかもしれない。それは早く移動するという課題を解決するのが「馬」という思考の枠から出ることができないからである。しかしその思考の枠を知り，「馬以外の移動手段」という点に目を向ける気づきを得ることができて初めて，自動車の製品開発という大事業に結びつくのである。

1-4　思考の枠の外から多面的にものを考える

　思考の枠が固い，思考の枠がしっかりしているというと，頭が固い，決めつけがちである，というように良くないイメージを持つかもしれない。しかし思考の枠をしっかり持つことは，むしろ自身のアイデンティティを明確にして，多面的なものの考え方を持つという意味で，大切なことである。

　では，思考の枠の外へ出るにはどのようにすればいいのだろうか。きわめて簡単である。思考の枠が，生まれ育った国や環境により形成されるものであれば，例えばそれまでの日常を変えてみるとよい。その1つの手段が，国際的な感覚に触れることである。しかし，海外旅行の経験がいくら多かろうが，そこに「気づき」を生み出そうとするちょっとした工夫，そしてその工夫から気づきが生まれない限り効果は生じない。そこにはフィールドワーク（第2章を参照）のエッセンス，気づきの方法論が必要である。旅行には休暇を楽しむ等の目的があり，語学研修には言語を学ぶという明確な目的があるが，それらを否定するものではない。しかし，ただ日常を非日常に変えるだけではなく，思考の枠の外に出て様々な違いに気づき，その上で従来とは異なる考え方ができて，初めて本書が述べる地域に変革をもたらすキャリアの形成に一歩近づく。

❷　思考の枠を越えるキャリアの教育

2-1　キャリア教育の中の職業教育

　日本の小中学校，高等学校において，キャリア教育として，職業の紹介や体験が行われている。多くの人にとって社会に出る前の最後の学校教育とされる

> [コラム]　思考の枠とゴー・ビトゥイーンズ
>
> 　「ゴー・ビトゥイーンズ」には，仲介者や媒介者という訳語が当てられる。1870年にデンマークからアメリカに移民としてやってきたジャーナリストのジェイコブ・リース（Jacob Riis）は，英語のできない親の代わりに雑用や通訳をする子どもたちを「ゴー・ビトゥイーンズ」と呼んだ。移民の子どもたちが，英語が不自由な両親と社会の橋渡しをしていたことから，この言葉を当てたと考えられる。
> 　2014年5月より，日本各地において順次『ゴー・ビトゥイーンズ展：こどもを通して見る世界』が行われた。同展では，異なる文化間の移民生活，空想と現実，大人と子どもなど，境界を越えて行き来することができる子どもの力に焦点が当てられている。子どもの立体創作物，話の内容などを見ると，多くの大人はその想定外の発想力の豊かさと多様さに驚くが，そのことは思考の枠が形成されていない子どもの自由さに気づくだけでなく，むしろ大人に形成されている固定観念の存在を明らかにする。[1]

大学においても，就職のためのセミナー等をキャリア教育としている例も存在する。

　文部科学省では，キャリア教育を「社会的・職業的自立に向け，必要な知識，技能，態度を育む教育」と定義している[2]。社会的に自立する前提として，職業的な自立は不可欠であり，その意味で「職業的」という言葉を抜くと，「教育の定義」そのものになる。「職業的」と入れてしまうと，職業選択を主眼とする方向に向かう。もちろんそのような職業教育もキャリア教育の一部であり，間違っていない。

　しかし，キャリア・アントレプレナーシップと職業教育は明確に異なる。職業教育は，現有の様々な仕事に関する情報の提供という意味で，もちろん効果がある。しかし職業教育に偏向することは，それが行き過ぎると，ごく一部の職業を知った上で，「夢を決めましょう」としつつ，一部の限られた職業を選

---

1)　2014年5月31日から同年8月31日まで開催された森美術館（東京都港区六本木6-10-1）における展示内容による。
2)　文部科学省ホームページ「キャリア教育，職業教育の定義，意義について」（http://www.mext.go.jp/b_menu/shingi/chukyo/chukyo10/shiryo/attach/1282609.htm）。

択する教育にとどまる。

　第8章でも述べる通り，キャリアとは職業人生のことである。現代の社会は日々変化し，10年前には想像できなかった職業が生まれている。12～13歳で仮の職業を決めることに異論はないが，そこで夢を収束させてはならない。これは職場見学等の効果を否定するものではない。むしろ連続性を持って，それこそ毎週，毎日のように身のまわりの仕事を知る機会は必要である[3]。しかし，特定の職業のみを知ることで，思考の枠が形成されるかもしれない。

　世の中には大人でさえ知らない多くの職業が存在する。現代社会における職業は莫大であり，10年後，20年後には現在では想像できない職業が生まれているだろう。すると職業教育という狭義のキャリア教育であっても，具体例のみを教えるだけでは不十分である。想定外の事象がこれからの人生では起こり，地域は常に変化し，それらの変化の延長線上に今ある職業以外の新たな職業が生まれる可能性があることを学ぶ必要がある。

2-2　起業の教育

　アントレプレナーシップ（第7章を参照）とキャリア（第8章を参照），それぞれの言葉には，すでに一般化された定義がある。

　アントレプレナーシップに深く関係する起業においては，その教育であれ，実践であれ，自分は何ができるか（自分が持つリソース）と，自分が何を使えるか（他人，まわりにあるリソース）を把握し，想像し悩み抜いて，何度もプランを練り直し，ある日，曖昧さの中に気づきを得て，「新しい何か」を始める。起業されるほとんどのビジネスは，確かに模倣であるが，しかしそこには各ビジネスなりの工夫が要求される。それは最初に目指した目標だけに向かっておらず，環境の変化に応じて常に変化し，それゆえに次に向かう方向も様々である。そこには無限の方向への可能性が存在する。

　もちろん，全員が起業家になる必要はない。全員が成功する起業アイデアを見つけることもできない。しかし，自分が出した起業アイデアがすでに存在す

---

[3]　少なくとも親の職業を語らせる（背中を見せるような）家庭の教育は必要である。1年に1回ないしは数回の職場見学でキャリア教育，または職業教育の要件を満たしているとしてはならない。

[インタビュー]　地域とともにビジネスもキャリアも成長させる

（株式会社清水商店 代表取締役社長）清水祐樹さん

　福井県の北部，その昔は越前と呼ばれた地域を嶺北という。「嶺北地方で葬儀を行う方には，ほぼ何らかの形で弊社の商品が流れます」とおっしゃるのは，地元密着型のギフト会社である株式会社清水商店の清水さん。まだ30代の若い社長です。

　「弊社は，地元の方がお亡くなりになって初めて仕事が発生しますので，マーケットはほぼ地元となります。地元，特に人口が多くない地域でビジネスをするのであれば，地元の方たちに認められ，支持されるビジネスを維持しなければなりません。我々は常に地元の葬儀社と情報を共有し，市場の動向をしっかりと把握しながら運営してきました」。

　地域でビジネスをすることに欠かせないポイントをこのように語ってくれました。さらにその想いを次のように続けてくれます。

　「葬儀の現場においては，お客様のお気持ちやその場の雰囲気を考慮し，状況に即した対応が求められます。つまり，我々のビジネスはお客様に対し，明るく元気に『ありがとうございます』とはいえません。様々な業種の中でも，この点においては特殊です。特にお金を頂き，お客様と別れる際は複雑な気持ちになります。しかし自分たちの商品を使っていただき，お支払いもしっかりしていただいたお客様には，心の中から自然と『ありがとうございます』と出てくるものです。その感謝の想いをしっかりと地元に還元していくことが我々の使命だと考えています。自分たちの地域が仕事を生む。地域に感謝の気持ちを持つことは，会社としてもごく自然のことだと思います」。

　本書では，キャリアの形成は，個人のものではなく，まわりとともにあるものであることを述べていますが，ことビジネスそのものも地域に結びついていることを，話してくださいました。次に，清水さんの行っているビジネスについての考え方を伺いました。

　「我々ギフト業は，冠婚葬祭には大変重要な役割を果たします。人と人とがそれぞれの想いを形にしたものがギフト商品であり，時代とともに内容は変わってきました。良好な人間関係を維持していく中で，大切なツールとしてその時々のシーンで存在してきました。つまり，我々のビジネスがしっかりと残るということは，人間関係が良好にあるべき姿で残っているということです。それがこの業界の存在価値ではないかと思います。葬儀を通じて，慣例的な観点で当たり前のように会葬者に渡している商材にもしっかりと意味

があり，残された家族が今後もしっかりとつながっていくことの潤滑油的な存在になればよいと思っています」。

熱い想いを持って仕事に打ち込んでおられることがよく分かります。話している中でも，常に地域のヒトのこと，これからのこと，地域の活性化を考えておられる清水さん，その哲学もしっかりと持っておられます。

「我々が業界人として次に考えなければならないのは，人と人とのつながりの『輪』です。この『輪』は少しでも大きい方がよいのです。その輪を広げていくことが我々の仕事なのかもしれません。人は多くの方と，多くの交流を持つことでその輪が広がります。その結果は人生にとってプラスになることだらけです。人口が少ない県ほど，様々なコミュニティで自分の輪を広げやすいものです。というのも『友達の友達は実は自分も知っている！』などのような広がり方がよくあるからです。人口が少ないということを逆に上手に活かし，人と人との結びつきが強い地域にしていくと，確実に地域の経済効果にもプラスに働き，地域の活性化につながります。これからの地域は『全国で最も地域の人たちが温かい関係で強く結びつくこと』を目指すべきだと思っています。経営者としては，結果的に自分たちのビジネスの拡大につながっていくことも大切な視点です」。

地方に存在するメリットは，その中にいるとなかなか見出せないものかもしれません。このように述べる清水さんも大学時代は一度県外に出て戻ってこられました。だからこそ若くしてその本質を見ることができたのかもしれません。大学時代は教育学を学んでおられた清水さん，「学生に一言」とお願いすると，次のようにしっかりとメッセージを述べてくれました。

「現在，様々なツールが発展し，日本中のどこからも（田舎といわれる地域からも）世界を相手にビジネスが可能です。それは素晴らしいことであり，ビジネスチャンスの拡大という点においては，すべての社会人にとって無限の可能性がほぼ平等に与えられているといってもよいでしょう。個人レベルでも独創的なアイデアや，誰もが思いつかなかった視点や工夫で，年齢や社会的地位に関係なく成功者となれる『可能性』が高くなっていると思います。しかしそれはあくまで『可能性』であって，成功の鍵は人間関係を築くことです。今後も様々な便利なツールが次から次へと出現してくると思いますが，結局使うのも選ぶのも人間です。せっかく素晴らしい技術や智恵があっても，その多くが活かされることなく終わっていきます。あなたが，世界中でオンリーワンの商品を開発できたら誰に相談しますか？ 売り込みはどこに行きますか？ どこで作って，どうやって流通させますか？ やはりあなたのま

わりの『頼れる人』が重要です。1人の力では，大きくは成功しにくいものです。生身の人間にとって『1人の限界』があるからです。1人で戦っていくことも素晴らしいですが，自分の持っているネットワークで，より良い商品力と販売力，競争力を持つ方が利口だと思います」。

今の学生にとって，何か「気づかされるもの」「気づき」があったでしょうか。どのように情報技術が進展しようが，それらはイノベーションを起こす道具にはなっても，それを使うヒトにはとって変わることはできません。ビジネスはヒトが行うものである以上，ヒト同士のつながりは決して無視できないことを，清水さんは現場から語ってくれました。

さらに「キャリア」についても，まさに本書の理念に通じることを語ってくださっています。ぜひ参考にしてください。

「地方は『終身雇用』という考えが深く根づいていました。現在においても都心部よりは残っている方だと思われます。しかし，私は会社のスタッフにも，多くの会社を経験することも大切だといっています。それは人間関係を広めるチャンスになるかもしれません。しかし，『キャリアアップ』は難しいものです。職を変えることによってどんどん給料が減り，生活が苦しくなっては上手くいきません。多くの経験を積み，様々な視点で多角的に物事を考えられる人材に成長することが大切です。個人的には，多くの会社を経験することについて，キャリア形成に大きくプラスになると考えていますが，履歴書を見て『どこに行っても務まらない』という評価と『どこに行っても必要な存在』という評価は紙一重であることも事実です。最終的に大切なのは，『どこで何をしてどういう結果を残せたか』です。世の中の人材は大きく二分されます。『仕事を生む人』と『仕事をもらう人』です。どうか仕事を生む人になってください。そういう人材が多ければ多いほど，社会は好転していくと思います」。

るものであっても，それは他人から教えられたものそのままではない。自ら考えたその職業はその人にとって，他人から教え込まれたものより，より良い目標になるだろう[4]。その職業は，その人にとっては今まで教えられた限られた思考の枠の外にあるものかもしれないからである。与えられたものから選ぶので

---

[4] もちろんその目標は他人から教えられたものを基にしていても構わない。ゼロからの創造はきわめて困難を伴うものである。

> ［インタビュー］　鯖江(さばえ)地域を学生の力で活性化！
>
> （NPO法人エル・コミュニティ代表）　竹部美樹さん
> 　鯖江市といえば「めがねの街」で有名ですが，最近ではITも注目を集めています。その鯖江市で生まれ育った竹部さんは，2006年に東京のITベンチャー企業に就職しましたが，2010年に地元に戻ります。その時をこう振り返ります。
> 　「鯖江に帰省した時に商店街の静けさに驚きました。このままではいけない！　自分が生まれ育った街に何か貢献できないかと，強く思いました」。
> 　竹部さんは東京で学んだ仕事のノウハウを活かし，地元を元気にするコンテストの開催を考えました。それが「鯖江市活性化プランコンテスト」です。
> 　「東京の大学生は，積極的にビジネスを考え，堂々とプレゼンテーションします。それを当たり前のように行う姿に刺激を受けました」。
> 　まず取り組んだのは学生団体を作ることです。そしてその組織をサポートすることに専念しました。最初は右も左も分からない学生に，一から会議の進め方，情報ツールの使い方を教え，コンテストの運営方法のアドバイスも行いました。今では学生たちが自ら運営できるまでになっています。
> 　コンテストには全国の学生から鯖江市を活性化するプランが寄せられ，鯖江市もそのプランを参考にしています。竹部さんは鯖江のためにプランを考えてくれた学生らが，これからも仲間同士，全国でまちづくり活動を展開できるようにと，NPO法人を設立しました。
> 　竹部さんは，次のように呼びかけます。
> 　「まずは行動してください。色んなことに興味を持ち，やってみる。最初はやりたいことが明確じゃなくても，行動することで必ず見えてきます」。
> 　ビジネスを「作ること」や「働くこと」を通じ，地域を活性化するだけでなく，「支援すること」でその街の大きな力になることを，竹部さんは教えてくれます。

はなく，自ら考え抜くことにより"Think outside the box!"を実現できる可能性が生まれる。

　アントレプレナーシップに深く関係する起業教育は，ビジネスアイデアを考える段階から創造性の教育を必要とするが，それは思考の枠の外側への模索の可能性も持っているのである。

図表1-3　個人を取り巻く環境

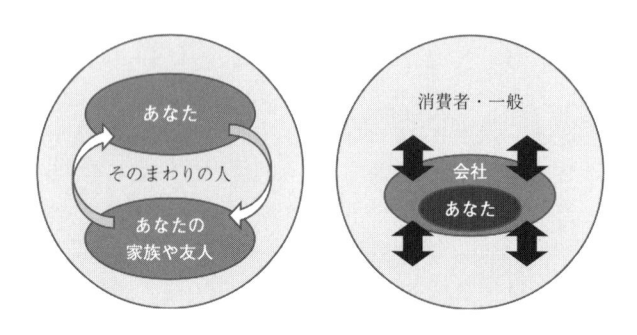

2-3　キャリア・アントレプレナーシップ

　図表1-3は自分を取り巻く環境について，簡略化したものである。学生時代は主に左の関係を中心として生活を送るが，学校を卒業すると仕事が生活の大きな部分を占めるようになり，「組織の一員としての自分」の役割が大きくなる。

　個人の活躍は組織に大きな影響を与え，組織もまたその組織が属する地域の発展に貢献する。さらにその地域の貢献は国に，そして国から世界へと影響する。

　その影響は個人からまわりの環境に与えられるだけではない。まわりの環境が良くなれば，当然個人の人生もより良く充実したものになる。ある個人の貢献により，その個人のまわりも影響を受け変化し，まわりが好転すればその結果，個人自身の職業人生も豊かなものになる。

　個人は成長していくが，同時に社会も時間とともに変化する。その時間とともに変化する社会を知り，そこに個人のキャリアをどう設計するかを考えていかねばならない。そのためには現状をしっかり理解し，それを基に考え，行動に移す，この基本行動が大切である。

　ピーター・ファーディナンド・ドラッカー（Peter Ferdinand Drucker）は，「ほとんどの人は働かなければ道徳的にも肉体的にも堕落する」と述べた。その上で仕事を自己実現の手段とした。本書で述べるキャリア・アントレプレナーシップは，「仕事による自己実現を通し，地域を変革する創造的破壊力を育

[コラム]　起業教育，アントレプレナーシップ教育とキャリア教育

　高乗（2008）は「アントレプレナーシップ教育とは，変化の激しい時代にあってチャレンジ精神や創造性を発揮しながら，新しい価値と社会を創造していこうとする意欲と能力をつちかう教育」と定義し，その上で「『キャリア教育』と『アントレプレナーシップ教育』はそれぞれ固有の狙いと内容をもった教育であるが，共有する部分も多い」とした[5]。

　キャリア教育を職業選択の教育という狭義の捉え方で実践している例が多い中で，まさにこの言葉がキャリア教育の到達点の1つを示していると考える。日本がバブルに沸いた好景気時のキャリア教育では狭義の教育でも問題は起こらなかったかもしれない（問題が表面化しなかっただけで，広義での教育が必要であったことには変わりない）。しかし，高度経済成長時代を終えた閉塞感が漂う日本において，広義のキャリア教育，つまり本書でキャリア・アントレプレナーシップと定義した，新たな社会を創造しようとする意志の醸成はきわめて大切である。

　海外では，起業に特化したビジネススクールの修了者の半数以上が起業する大学と，何万人という在学生に広くアントレプレナーシップ教育を施した結果その一握りが起業する大学があるという。前者が徹底的にビジネスの創出について鍛え上げるという意味で「起業教育」であるならば，後者は広く教養的に教育を施す「アントレプレナーシップ教育」ともいえる。

む精神」を指す[6]。

「このような社会にしたい。自分たちの地域はこのようにあってほしい」という想いから，「今後も変化する社会の中で，その想いを実現できる職業人生を送ってほしい」というのがキャリア教育であり，「地域を変革することにより，自分のキャリアも豊かにする」のが，キャリア・アントレプレナーシップの考え方である。

5）　杉本・水山・高乗（2008）p. 95。
6）　創造的破壊については，第7章を参照。

3　世界の動きから思考の枠を知る

　世界から見ると，日本人の独自の思い込みが見えてくる。教育，政治・経済ともに，バランスが必要であり，その意味でも多面的な教育が必要となる。昨今，日本人の多くは高等教育を最終学歴としているが，まだ社会教育が一般化していない日本では，社会に出るための最後の教育の場といえる。そのような最後の教育では，専門性を極めると同時に，今までに学んだ知識を線で結ぶ教育も必要である。

3-1　タイにおけるクーデタが結ぶ政治と現実の線

　タイでは2014年 5月22日に軍事クーデタが発生した。このクーデタが起こる前の1年ほどは，同国では反政府運動がいつも起こっている状態であった。そのため多くの日本の大学がタイにおける研修や留学を中止した。しかし一般的なツアーでは，中止された例はほんどなく，またタイ人も普段と変わらない日常を送っていた[7]。なぜこのような認識の違いが生まれるのであろうか。それは日本の報道や，日々の生活の中での日本人の情報に対する姿勢や判断力に一因がある。

　クーデタという言葉1つを取っても，日本の一部のメディアの説明では，あたかもテロが起こったかのような勘違いを生む報道があった。タイ人が平穏な集会を開く中で，ヘルメットに防弾チョッキという出で立ちでのレポートは，現地を知る者にとってはお笑い番組さながらである。タイ人からすれば，無礼な国のレポーターとさえ取られる可能性がある。日本はとても平和な国であり，クーデタやテロも滅多に発生しない。するとこのような姿勢のレポートでは，多くの日本人にとってテロが起こったような錯覚を持つ可能性がある。このクーデタに関しても，局地的にはトラブルが起こったものの，日本のメディアが報道するほど，深刻なものではなかった。

　この話題では，もう1つ注意をしなければいけない思考の枠が存在する。それは民主主義が絶対的なものという考えである。大学の授業で最初に学生に対

---

[7]　タイでは立憲君主制に移行した1932年以来の何度もクーデタが起こっていることも人々が日常的な生活を送っている要因かもしれない。

し，タイで起こったクーデタについて問うと，軍事政権により民主主義が崩壊したという理由から，多くの学生がネガティブな反応を示した。授業の中で，タイで起こっていることを説明すると，説明後にはタイで起こったクーデタをポジティブに考え直す学生が増えた。タイのクーデタについて，その根本的な原因が民主主義の負の部分だと知らなかったことが原因である。

　日本の学校教育は，特に社会科教育では暗記という側面が強い。民主主義の内容は知っていても，それが最も良いものだと思い込んでしまっている。メディアは民主主義の後退だと，さもその国が悪い方向に向かっていると決めつけて報道する。

　日本にもその要素はないとはいえないが，タイの民主主義は衆愚政治のような状態に陥っていたといえる。しかし教養あるタイ国民の一部は賄賂の横行と地方での金銭による多数の票集めという民主主義の欠陥に対し，今回怒りの声を挙げていた。実際にそのような理由から私の友人の大学教員もデモに参加した。つまり民主主義自体が問題となっている。このような状況を知って初めて，タイの現状，また私たちが生きる民主主義の世界は完璧ではない，負の側面があるということに気づく。するとメディアが決めつけて報道した，民主主義の否定はとんでもない，という論調にも疑問を持つことができる。

　クーデタにより軍事政権が成立しなかった場合，タイで長く続いた市民のデモと政府の対立はどうなったか，デモが続いてタイの経済は成長したであろうか。確かに法治国家に住んでいる限り，法の順守が前提ではある。しかし法や数の論理で解決できないこともあり，そこを新たな選択肢で解決に出たというタイの2014年のクーデタの事例は，間違っている可能性のある思い込みをリセットし，日常のバランス感覚を保つ上で貴重な出来事であった。自分たちにとって正しいことを見極める国際的なバランス感覚も大切である。

3-2　4〜5世紀前の出来事と現在の経済を結ぶ線

　およそ20年少し前，一般人は誰もインターネットを知らなかった。インターネットが民間に開放されたのが1995年のアメリカであり，日本では1997年である。ワールドワイドウェブという技術が開放されて20年経った今では，インターネットは高度情報社会における非常に重要なインフラとなっている。

では20年後も私たちはスマホを持って歩いているであろうか。インターネットで情報を調べているであろうか。私たちが考えないといけないのは，当たり前のことが20年経てば当たり前ではなくなっているという時間軸に関わる問題である。

4〜5世紀前の1522年，フェルディナンド・マゼラン（Ferdinand Magellan）が世界一周を成し遂げた。私たちは，世界一周を成し遂げたのがマゼランで，それが16世紀のことであることは知っているが，それがどのような影響を与えたかをほとんど知らない。それ以前にはヴァスコ・ダ・ガマ（Vasco da Gama）がインド航路を開拓しているが，貿易経済に何らかの役に立ったということを知る程度であろう。

それらは，当時の貴重な貿易資源であった香辛料を扱い，このような長距離航海による貿易は大規模ビジネスを生み出し，1602年のオランダ東インド会社の設立につながる。そして現代の株式会社の原型となる，出資と永久資本制，エージェンシー関係などの確立へと，着実に現在の経済の礎を築くこととなる。その後の証券取引所の誕生なども無関係でないことはいうまでもない。

歴史は個々の事象ではなく，丁寧に学べば必ず現在につながる線を持つことに気づく。過去から現在への時間軸という縦の線だけでなく，政治と経済と歴史はすべて結びつくという横の線の考え方も持たなければいけない。

3-3　思考の枠の外からの気づき

地理と経済も世界の歴史を見れば，気づきが多い。ポルトガルやスペインという国はヨーロッパの西側に位置する。すると地中海貿易が中心であった時代には，アジアから中東を経由して貿易をするには，距離的に遠く位置的に不利であった。しかし長距離航海術という技術により，アフリカ南端をまわる長距離貿易が可能になり，その地理的不利が一転して有利になる。このように，1つの変化は国の命運を左右する影響を持つ。この1つの事例を挙げても，地政学は国の繁栄に大きく影響を与えるという点で，その大切さを示す。

他にも例は多数存在するが，いくつか代表的なものを挙げる。アメリカのデトロイト市は5大湖周辺に位置し，水や鉱物資源が豊富であることから自動車産業に適した地と，一昔前学んだことだろう。私たちは，アメリカの工業都市

といえばデトロイト市であり，デトロイト市＝アメリカの自動車産業と暗記していたと思う。現在はどうだろうか。2013年7月，同市は180億ドルを超える負債を抱え，自治体としては過去最大の財政破綻を起こした。昔の教科書に書いてあったことは間違いではないが，時代が変わったのである。

　日本車という非常に優れた自動車がアメリカ車のシェアを奪った。アメリカの内需に対応するにはデトロイトは有利であったかもしれないが，日本車に対抗すべく輸出入を行おうとすると海が遠く，今までの立地的有利が，立地的不利に変化した。変化を捉えられないと大きな都市ですら破綻を起こす。

　日本でも近い例を挙げることができる。山口県は西の終点として今以上に栄えていたという。しかし新幹線が福岡まで伸び，九州が身近になると，西の終点が福岡になる。山口県がかつてほどの賑わいを持たなくなった理由と無関係ではないだろう。福井県は，北前船が活躍していた時代，敦賀市を中心として物資輸送で栄えていた。また民間機が一般的になるまでは，敦賀市は日本海側の海外への玄関口としての国際都市であった。しかし，民間機が飛ぶようになり玄関口は港ではなく，東京を中心とした空港に移る。

　このように歴史を学ぶ際には，現在につながる縦糸の視点と経済などの横糸の視点を持つことで，自分たちの地域を考えるキャリアの形成にとって，その気づきは計り知れないものになる。歴史は暗記であるという思考の枠は，大人になって緩和されることが多いが，学校教育の最後の機会としての高等教育においても，思考の枠を越え縦糸と横糸で結びつける教育が必要である。

3-4　世界史教育における思考の枠

　佐々木(2012)[8]は，「『世界史』は，日本独自の学科で，中国でもヨーロッパでもアメリカ合衆国でも，歴史教育は自国史中心で世界史はなく，外国史はあるにはあるが，多くは自国史の付随的な位置に置かれている」と述べ，権力者の側から見た歴史(支配者の側から見る歴史)と民衆の側から見た歴史(被支配者の側から見る歴史)の対立軸を示した。権力とは，軍事的な支配のみならず，経済的な優位さも指す。「経済の発達した北の国々を中心とした構成が世界史の主流」とし，「ヨーロッパの文化・文明が，世界史叙述で多くの比重を占める

---

8)　佐々木(2012) pp. 8-12.

図表1-4　日本のある世界史教科書における叙述割合[9]

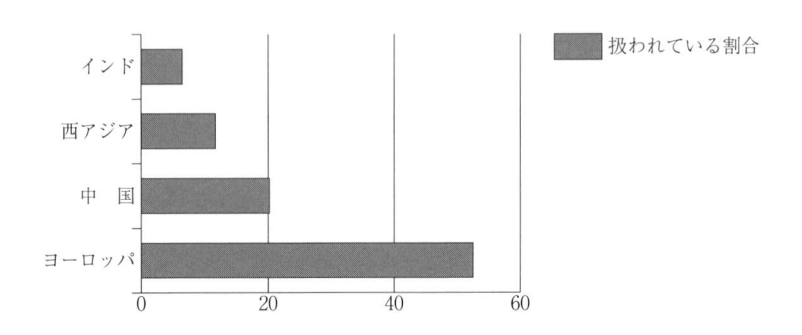

地域	扱われている割合
インド	約5
西アジア	約10
中国	約20
ヨーロッパ	約52

のは，現代の文化がそれらを主軸として成り立っているという認識に立つからであるが，ヨーロッパの文化――学問・芸術・科学・技術等――の形成には世界各地域の文化・文明が絡み合ってきたことが無視されている」としている。

実際に，日本における世界史教科書では，ヨーロッパ史が50％以上を占めている。ここには佐々木が述べるように権力者の側から見た歴史の影響を否定できない。これも思考の枠に分類される典型である。分かりやすい例を出せば，アメリカ大陸を最初に発見したのはクリストファー・コロンブス (Christopher Columbus) ではない。ヨーロッパ人の思考の枠ではコロンブスかもしれないが，もともと同地には当然のことながら先住民がいた。

支配者がいるなら，被支配者も存在し，それぞれの目線で歴史を認識しなければならない。「ノーサイド」と「ゲームセット」という2つの言葉がある。前者はラグビーで使われ，戦いを終えれば同じ仲間とする精神である。後者は試合を終えると次の試合まで勝者はディフェンディング・チャンピオンとして君臨し続けることがある。互いに平等に時間を紡いだ歴史においてはノーサイドの精神が適用されるべきであろう。

［コラム］　多面的な視点を持つこと

次のやり取りは，イギリスで紹介された緊急通報ダイヤル911の内容であ

---

9) 佐々木 (2012) より，数値を拾い筆者作成。

る。[10]

'911, where is your emergency?'（911です。どちらで緊急事態が起こりましたか？）

'123 Main St.'（メインストリートの123番地です。）

'Ok, what's going on there?'（了解，何が起こっていますか？）

'I'd like to order a pizza for delivery.'（ピザの注文をお願いします。）

'Ma`am, you`ve reached 911.'（奥さん，911に電話をかけていますよ。）

'Yeah, I know. Can I have a large with half pepperoni, half mushroom and peppers?'（はい，知っています。ハーフをサラミ，ハーフをマッシュルームと胡椒のラージサイズをお願いします？）

'Ummm.... I'm sorry, you know you've called 911 right?'（うーん，すいませんが，奥さんは911にコールしていることを分かっていますよね。）

'Yeah, do you know how long it will be?'（はい，どのくらいかかるか教えていただけますか。）

読者がもしこのオペレーターの立場なら，この後のやり取りをどのように続けるだろうか。いたずらはいけないと注意する人もいるのではないだろうか。粘り強く，緊急通報ダイヤルであることを説明する人もいるだろう。しかしこのオペレーターは次のように続けた。

'Ok, Ma'am, is everything ok over there? Do you have an emergency?'（分かりました。奥さん，そちらは大丈夫ですか。緊急事態が起こっているのですか？）

'Yes, I do.'（はい，そうです。）

'...And you can't talk about it because there's someone in the room with you?"（部屋の中に誰かがあなたといて，緊急事態について話すことができないのですか？）

'Yes, that's correct. Do you know how long it will be?'（はい，その通りです。どのくらいかかりますか？）

'I have an officer about a mile from your location. Are there any weapons in your house?'（あなたの位置からおよそ1マイル（1.6ｋm）に警察官がいます。あなたの家に武器がありますか？）

'Nope.'（いいえ。）

'Can you stay on the phone with me?'（私と電話を続けることができますか？）

---

10) METRO社（イギリス）ホームページより引用し，訳を添えた。

'Nope. See you soon, thanks'（いいえ。それでは後ほど。ありがとう。）
後半の会話の前に電話を切ったり，相手に怒り出すなどをすると，女性の身に危険が及ぶなど，結果は大きく変わったことだろう。この例の場合は，しばらくして警察官が辿り着き，男性から暴力を受けていた女性を助け出すことができたとされる。物事に対する多面的な見方はきわめて大切である。

[課題]
1. 得意な学問領域，好きな趣味や人より秀でていると思う特技を挙げよ。またそれらを活かすような仕事はどのようなものかを考えよ。
2. 自らが生まれ育った地域や，よく知る地域を例に挙げ，その地域の栄枯盛衰を分析し，その栄枯盛衰がどのようなきっかけで起こったかを述べよ。
3. 世界と比較して日本人独特の行動を挙げよ。またもしその行動に何らかの思考の枠があるならば，それはどのような枠であるかを述べよ。

[主要参考文献]
1. ティム・ブラウン／千葉敏生訳（2014）『デザイン思考が世界を変える』早川書房。
2. 竹本拓治（2011）「小中学生，親子のための起業のテキスト」京都大学起業教育研究プロジェクト。
3. 杉本厚夫・水山光春・高乗秀明（2008）『教育の3C時代――イギリスに学ぶ教養・キャリア・シティズンシップ教育』世界思想社。
4. 佐々木寛（2012）『南からの世界史』文芸社。

第2章 フィールドワークのエッセンス

――質的な社会調査法をキャリアに取り入れる

「フィールドワーク」とは狭義には研究室外で行う調査・研究を意味し，文系から理系まで様々な学問分野で現地調査，野外調査，巡検を指す言葉として用いられている。それぞれのフィールド（現場）での研究対象の観察から，ある現象や問題の背景や文脈，文化的特性を捉えるという手法は，近年「ビジネス・エスノグラフィー」として企業でも積極的に用いられるようになり，利用者が言葉にできないニーズを明らかにすることで商品の新たな価値提供に資するようになった。

そこで本章では，フィールドワークの手法について概説し，企業でのビジネス・エスノグラフィー展開例について紹介する。そして，教室内での擬似的なフィールドワークからフィールドワークのエッセンスを用いた教育現場での例や，日本以外でのテクノロジーの利用例をフィールドワークを基に検討することでその問題点や可能性を明らかにした事例を解説することにより，フィールドワークによる思考法をキャリアに取り入れる意義を示したい。

1 フィールドワークの手法

1-1 フィールドワーク (field work)

フィールドワークという言葉を生み出した民族学という学問分野において，フィールドワーカーである民族学者は，現地の人々との会話や行動観察，時には行動を共にしながら，その土地の社会や文化の全体像を把握しようと試み，その成果を民族誌（エスノグラフィー）としてまとめてきた[1]。

フィールドワークの過程では，他者の多様な生のあり方に触れ，自分の価値観について相対化することができる。その点で，フィールドワークとは単に「現場に出る」ということよりも「現場で得られる質的な調査」が重視されるのである。例えば，アンケート調査からだけでは分かりにくい人々の本音や，言葉に表しにくい潜在意識について明らかにするため，現地の人々と行動を共にしながら観察し，定められた質問や質問紙を準備しない日常会話のようなやり取りを重ねる手法で聞き取り調査を行っている。

1-2 「参与観察」を基にした包括的なアプローチ

フィールドの人々と行動を共にしながら観察を行うことを「参与観察」という。参与観察を最初に行ったのは，オーストラリアのアボリジニという先住民族を研究していたB.マリノフスキ（B. Malinowski）である。彼は，オーストラリアを旅行している最中に第1次世界大戦が勃発し，帰国できなくなった。そこで移動可能であったパプア・ニューギニアに渡り，現地の人々と生活を共にするうちに，その詳細を観察する「参与観察」を行った[2]。それ以降，「単独で，最低1〜2年間，言葉を習得しながら現地で調査を行う」ことが民族学でのフィールドワークのスタイルになったのである。

ここで重要なのは，現地での参与観察を通じて現地の人々と衣食住を共にすることで一体感が増し，多様な角度から観察することが可能になる，ということである。また，そのような包括的なアプローチを通じて，「問題を確かめる（仮説検証）」のではなく，「問題を見つける」ためにフィールドワークは行われる。ここに，他の社会科学や自然科学における調査との違いがある。

フィールドという異文化で遭遇する違和感，戸惑い，不愉快な体験，事件を通じて，ハッと思う瞬間に問題に気づく。それはもちろん自分たちの生まれ育った世界の常識に依拠するがゆえの「気づき」であるが，その「気づき」が自分たちの常識や価値観をひっくり返し，自分とは異なる他者の生のかたちを知ることにつながる。

このような「異文化」との出会いは，「国外」や「遠い国」での出来事に限

---

1) 小泉(1997) pp. 2-3。
2) 鏡味 (2011) pp. 1-6。

ったことではない。アメリカの人類学者であるポール・ボハナン（Paul Bohannan）は，"We, the Alien" という題名の人類学の入門書を著している。"We, the Alien"，つまり「私たちはみなエイリアン」というタイトルには，「実は身近にいる家族や隣人も異文化を持った人である」という意味が込められている。同一国内でも一定地域であったとしても，必ずしも均質とはいえない多様な背景と文化を持った人々が存在する。例えば，「日本人」という枠組みがあっても，県や地域によって異なる文化や習慣や言語が存在するが，普段の生活ではなかなか意識されない。近年では，そのような多様な人々の行動観察から，顧客のニーズを汲み取ろうとするビジネスが広がりを見せている。

1-3　ビジネス・エスノグラフィー（Business Ethnography）

　ビジネス・エスノグラフィーとは，ユーザーが普段どのような環境で生活しているのか，どのような考え方で商品やサービスに接しているのかというようなことを観察またはインタビューし，そこで得た知見から仮説を構築していく手法である。その際，仮説を裏づけるためではなく，仮説や前提を持たずにニーズを把握するために，ユーザーの観察を徹底して行う。

　例えば，関西のあるガス会社では「空調利用に関するデザインを考える」というプロジェクトを行っている。そこでは，オフィス内の温度を快適にするために，ガス空調などのハードウェアや運用方法を見直すだけでなく，ビジネス・エスノグラフィーを用いてオフィス利用者の行動調査を行った。オフィスのある建物で夏季の1日を通して観察すると，時間帯ごとの人の出入りによってオフィス内の温度が上がったり下がったりする。例えば，始業時や夕刻には外勤者の出入りがあるため温度が上がるが，内勤者だけの時間帯になると温度は下がり寒く感じる。しかしながら，空調は中央管理システムであるため，個人による温度調節はできない。このような状況を踏まえて，空調の利害関係者として設備管理者，総務担当者，オフィス利用者にインタビューを行うと，それぞれが良い空調環境を保つために互いに配慮していることが明らかになった。内勤者は外勤者が暑いオフィスの外から帰ってきた時に涼めるように，空調が利きすぎても我慢して膝掛けを使っていた。また，空調管理者はクレームが出ないようにするためにやや強めの空調設定にしていた。このように空調の管理

者と利用者間で，現場の空調温度設定について適切なコミュニケーションができていないという課題が見えてきたのだ。そこで，利用者が空調管理に参加できるシステムとして，自席のエリアの空調温度を表示し，「暑い」「寒い」という意見を投稿できるようにした。すると，空調に強い要望がある人も，いいにくい人も，それぞれ投稿することで意思表示しやすくなったという[3]。

　このようにビジネス・エスノグラフィーを用いて調査することによって，対象者が上手く言語化できない「問題」を明らかにすることができる。そうすることによって潜在的な要望を捉えて，働く場における快適な環境が形成できるという利点があるのだ。

2　教室内におけるフィールドワーク

　このように企業でも用いられるようになってきたフィールドワークの手法は，すべてでなくともそのエッセンスを用いることで，学問分野に特化することなく教室内でトレーニングすることを可能にする。

　上述したように，あまり意識されていないが，異文化は実は身近にある。すでに地域の防災や防犯のためのフィールドワークが全国で行われ，私たちが暮らす街を改めて見直すという動きは広がっている。異なる世代や生活範囲によって同一地域内でも街の見え方が異なってくることを意識し，個々の情報を統合して共有することで，地域内の防災や減災に役立てるとともに，人と人のつながり作りにも役立っている。

　このようにフィールドが私たちの暮らす地域にあるということは，教室の中にもあるということである。教室を「現場」「現地」に見立てて，あるテーマに沿って観察やインタビュー調査を行うことで，教室内で学生が対象者との関わりを持ちやすくなり，かつ「気づき」に至りやすい環境を作り出すことが可能になる。そこでこの節では，キャリア教育の要素を盛り込んでフィールドワークを行う例を示したい。

　まず，教室内フィールドワークにおいて重要なことは，教員がコーディネー

---

[3]　本段落は大阪ガス行動観察研究所のプロジェクト例を要約引用 (http://web-tan.forum.impressrd.jp/e/2013/07/30/15482（2014年12月11日閲覧))。

図表2-1　名刺の例

```
小説を読むのが好きです！
あなたのおすすめがあれば教えてね。

　　5年1組
　　山田　萌
```

```
好ききらいはありません。
きゅう食ものこさず食べられます。

　　3年2組
　　すず木　ひろし
```

ターに徹するということである。指示はヒント程度にとどめることで，学生自らが「気づく」場面を作り出すことが肝要である。また，最後にプレゼンテーションするなど，周囲に対して成果を提示する機会を作ることで，学生の参加意識や学生相互の情報共有を高めることも大切である。

2-1　教室内フィールドワーク例——小学校〜中学校向け「お隣の人の名刺を作ろう」

1つ目は，小学生から中学生を対象にした名刺作りを通じたフィールドワークの例である。

名刺は，一般には自分の名前に加え，肩書・会社名とその所在地や自宅住所を記載する。しかし，ここで作るのは2人1組になった相手の名刺で，名前以外の項目は自由にする。文字を書いてもよいし，絵を入れてもよい。ただ，短く一言二言で相手を表現するキャッチコピーを挿入するきまりを作る。例えば「九九ならまかせとけ！」「かけっこ得意です」というように，分かりやすい表現になるように心がけ，相手の悪口は書かないことをルールにする。

以上のルールを生徒に示した上で，互いにインタビューすることから始める。これはインタビューを通じて相手の持つ長所や特長を明らかにし，他者に良さを知ってもらう行動を起こす狙いがある。

インタビューを行う過程では，例えば「得意なこと」「好きなこと」「将来なりたい仕事」など，ある程度こちらからインタビュー項目例を示して話を聞きやすい雰囲気作りをし，そこから打ち解けて自由にインタビューを行い合える環境を作ることが大切である。インタビュー時間は1人5分以内にすることで，集中して聞き取りができるような工夫も必要である。

図表2-2 「お隣の人の名刺を作ろう」タイムテーブルの一例

1分～5分	教員によるルール説明。
5分～15分	1人5分間でインタビュー。
15分～25分	キャッチフレーズを作成し，名刺に落とし込む。
25分～28分	名刺交換。
28分～36分	1グループ3～4分程度で発表。キャッチフレーズが決まった経緯や感想などを述べる。または，他のグループの児童・生徒と名刺交換を行う。
36分～40分	教員による総括。

　相手の話はメモ用紙や付箋紙に書き込み，質問項目ごとに机の上に並べていく。それを分かりやすく短い言葉に書き換えながら，キャッチフレーズを決める。2つほどに絞り込んだ段階でカードに書いて仕上げ，自分ではなく相手に相手の名刺を渡す名刺交換を行う。

　名刺交換の後はいくつかのグループが前に出て，自分たちの名刺のプレゼンテーションを行う。コーディネーターとなる教員が司会になって，どのようなプロセスからこのキャッチフレーズを選んだかということをインタビューする時間を設けてもよい。最終的に相手が作った自分の名刺を，別のグループの児童と交換することでも成果の共有が図れる。

2-2　教室内フィールドワーク例——高校～大学向け「キャリアについて考える」[4]

　このフィールドワークでは，地域で働く人を招いてグループインタビューを行い，成果のプレゼンテーションを行う。インタビュー対象者の職業や企業の魅力について聞き取りを行い，それを他者に伝える過程で，自分のキャリア構築に必要な要素についての気づきを得ることに狙いがある。

　教室内フィールドワーク「キャリアについて考える」は以下のプログラムから行う。

① 事前準備：4～5人のグループに分かれ，インタビュー対象に関する資料収集（インターネット検索，文献調査）を行い，まとめた結果をプレゼンテーションする。

---

[4] 福井大学工学部での「ドリームワークスタイルプロジェクト」をベースにした授業例。

② インタビュー調査の実施：事前調査で分からないことを聞く。例）その仕事を選んだ理由，その仕事の良さ，企業の社会的貢献について，会社内の雰囲気など。
③ データ整理・分析：複数人で行ったインタビューで得た情報を統合する。
④ 発表，成果還元：パワーポイント，模造紙への書き込み等を行い，グループごとにプレゼンテーションを行う。

学生から行うインタビュー項目は，就職面接で面接官から質問される項目と共通することが多い。つまり，立場を反転させたインタビューを行うことを通じて，面接における設問の意図や必要性について理解し，自分の面接を受け身にならずに相対的に考えることができるようになる。

上記は大学の講義90分×4コマ程度で①〜④まで行うように想定されたフィールドワークのプログラムであるが，高校では②④に短縮して実施するなど，各学校のカリキュラムに合わせた実施が可能である。

❸ イノベーションのフィールドワーク

以上のようなフィールドワークの思考法を基に，これまで起こったイノベーション（技術革新，新たな価値観の創出）の過程を見直してみることで，新たな発見につながることもある。例えば，同じ携帯電話でも国や地域によって使用法が異なる。そして，その使用によって思わぬ場面で，思わぬ変化が起きていることもある。現在携帯電話が急速に普及しているアフリカ諸国のケニア共和国を例に考えてみよう。[5]

3-1　ケニア共和国における携帯電話を通じたイノベーション

ケニア共和国では携帯電話の使用者数が3000万人以上，普及率が72％にも上る。貧困国といわれるケニアでなぜこれほどに使用者が増加したかというと，最も安い価格帯で日本円にして2000円程度（中古の場合は600円〜1100円程度）の端末料金であることに加えて，3〜4円単位という非常に少額なプリペイドカードによる通話料課金方式を導入しているからである。これによって手元に少

---

5) **3-1，3-2**は，湖中（2012）pp. 207-226から筆者が要約引用。

額な資金しかなくとも，通話料の課金が可能になるのである。さらに，ケニア政府が2006年にモバイル・バンキングや電子商取引等を促進するための「ケニアICT政策（Kenya ICT Policy）」を打ち出した。この政策により，システムを提供している携帯電話会社の加入者はSMS（ショートメッセージサービス）を通じて，自身の口座で預け入れ・引き出し・送金することが可能になった。この政策によって，従来銀行を利用しにくかった貧困層や牧畜民がモバイル・バンキングを始めるようになったことが，この国での携帯電話の利用増大につながったのである。

3-2 携帯電話使用法に関するフィールドワーク

しかしながら，貧しい人々の間では長時間の通話がままならないため，「フラッシュ（flash）」という日本でいうところの「ワン切り」がよく行われる。これは相手の携帯電話に着信履歴を残すことで相手からの電話を期待したり，相手の家の近くや待ち合わせ場所に来たことを知らせる役割もある。牧畜民が多いある地域で履歴を調査したところ，履歴の約7割が親族関係に当たる相手との通話であり，しかも徒歩圏内の親族とのやり取りのために携帯電話が用いられていることから，コミュニケーションのための日常的な道具になっていることが分かった。通話内容を「連絡」「挨拶」「消息」「相互扶助」「仕事」「家畜管理」「不明」の7つのカテゴリーに分類したところ，「連絡」28％が最多を占めた。連絡内容は儀礼を行うための召集や開発援助団体からの支援の配分等，多岐にわたる。次いで多いのが「挨拶」20％である。これは，日常的に1人ひとりに長い挨拶が行われることから，携帯電話の利用にも挨拶の社会的重要性が反映していると考えられる。

このように近年，携帯電話の利用が拡大することで人々の生活に便利さをもたらしたが，その反面，かつてない速度で流言が広がったり，集団間の紛争に短期間で多くの戦闘員がかり出されたりするようになった。攻撃に関する情報伝達・交換に携帯電話が用いられることで，戦術も高度化した。その一方で，避難や防衛にも携帯電話は用いられている。紛争後の対立集団の和平会合の場では電話番号が交換され，今後は情報交換により紛争を予防することを申し合わせている例もある。

以上のように，ケニアの文化的背景や日常的な人々のやり取りのフィールドワークを通じて携帯電話の利用方法について分析することで，貧困層や牧畜民にとって固定電話より携帯電話が生活に適応しやすく，その生活に合った使用法が次々と生み出されていることが明らかになる。その一方で，携帯電話を使うことで紛争が短時間に拡大したことからは，携帯電話によって集合的な暴力に至らない安全なメディアを作り上げていくことが，この地における課題であるということが明らかになる。

3-3　異文化のフィールドワークから学ぶもの

　この課題は，ケニアという私たちから「遠い」場所の問題にとどまらない。なぜなら，「ケニアにおける携帯電話という低い匿名性のメディア空間においてすら引き起こされる集合的な暴力がある以上，現在身近になったインターネット等の匿名性の高いメディア空間には，集合的暴力の危険性が常に存在する」[6]のである。例えば，東日本大震災の直後，電話がつながりにくい状況が続く中で，インターネットを使った情報は短文投稿サイトなどを通じて活発にやり取りされたが，中には悪意のある偽の情報や流言も含まれ，それが次々と拡散されたことは記憶に新しい。

　このように，一見遠い地域の事例は，私たちの身近にあるメディア空間の問題を再検討することを促している。しかし，同時に，高度に発達した情報伝達システムによって，早く確実な情報を多くの人に伝えることができるのである。そうすることによって，メディア空間だけでなく，社会全体に良い効果をもたらすことができるはずである。「遠く」の問題であろうと「身近」な問題であろうと，フィールドワークによってその両方を行き来しながら思考を巡らせることで，新しい社会を構築する契機をもたらすのである。

4　フィールドワークとキャリア

　本章では，文化人類学を中心としたフィールドワークの手法について概説した上で，近年，企業で展開されているビジネス・エスノグラフィーでの利用例

---

[6]　湖中（2012）pp. 224．

を示した。そして，フィールドワークの手法をキャリアに取り込んでいくための教室内フィールドワーク例や，イノベーションをフィールドワークした事例について解説してきた。

　これらの例からいえるのは，一見遠い地域の話に思える出来事も，生活レベルや対面的な関係においてフィールドワークのエッセンスを用いて，「異文化」に当てはめ調査することで，自分たちの生活について課題や問題を明らかにし，快適な環境作りに役立てることができるということだ。さらに，フィールドワークによる思考法を取り入れてキャリア構築を図ることは，必ずや新しい視点や価値観をもたらす。そこから新たなビジネスの種を発見することにつながるだろう。

［課題］
1. 今まで経験したことがある「フィールドワーク」について説明してみよう。
2. ビジネス・エスノグラフィーは，ほかにどのような企業で用いられているか調べてみよう。
3. 自分の身のまわりの人の携帯電話の使用法について調査し，その結果についてまとめてみよう。

［主要参考文献］
1. Bohannan, Paul (1991) *We, the Alien: An Introduction to Cultural Anthropology*, Waveland Press.
2. 小泉潤二 (1997)「フィールドワーク」山下晋司・船曳健夫『文化人類学キーワード』有斐閣。
3. 湖中真哉 (2012)「第9章　アフリカ牧畜社会における携帯電話利用——ケニアの牧畜社会の事例——」杉本星子編『情報化時代のローカル・コミュニティ—— ICTを活用した地域ネットワークの構築——』国立民族学博物館調査報告106, pp. 207-226。
4. 鏡味治也 (2011)「序章　文化人類学とフィールドワーク」日本文化人類学会監修『フィールドワーカーズ・ハンドブック』世界思想社。
5. B・マリノフスキ／益田義郎訳 (2010 (1922))『西大西洋の遠洋航海者——メラネシアのニュー・ギニア諸島における住民達の事業と冒険の報告』講談社学術文庫。

第Ⅱ部

地方を創生するソーシャル・イノベーションに向けた
キャリアの考え方

第3章 ファイナンシャル・リテラシー

――ファイナンスの知識を社会的課題に活かす

> 本章では，お金の使い方の多様性を理解する。特に，マイクロファイナンスなどファイナンス（金融）と社会がいかにつながっていくか，そしてそのことによって，どのようにしてイノベーションを起こしていくかを学ぶ。
>
> お金の使い方を基本から学ぶ（ファイナンシャル・リテラシーの学習）とともに，運用次第では社会貢献もできるということを学ぶ。貨幣の価値を考える時，どこからお金が来て，何に使うかも大事だが，それ以上にお金をどのように運用するかも大事な時代が来ている。さらに，貯めるという以外に，社会で活かすという選択肢も様々に事例が存在する。寄附，ファンド，NPO金融等の事例を紹介し，将来のお金の運用について検討しながら，社会で活かすというお金のソーシャルな意義についても考える。

1 ファイナンス（金融）を学ぶ意味

お金の性質について考えてみよう。物質的でもあるが，概念的でもある。銀行等の金融機関に預けてしまえば，（手続きを経て）国境をも横断する。それに加えて，国境を越えれば，価値も変わる。

物を購入するだけのものではない。お金は貯めることもできるし，人に貸すこともできる。また投機をして，元のお金が増減したりもする。本章では，お金のそういった様々な機能を指して，ファイナンス（金融）と呼ぶこととしたい。[1]

---

1) 『大辞林』第3版によれば，ファイナンスとは，「①事業などを行うために必要な金。資金。財源。②事業や活動を行う資金の調達や管理。財政。財務。③資金の供給。金融。融資」とい

1-1　お金にできること

　では，お金というと，何を想像するだろう。お金を使った行為は，経済的活動であるということは間違いない。日々の生活で，お金に関わらない日はないだろう。労働をしてお金を稼ぐ，お金を使って日々に必要な物を手に入れる。お金を使わない生き方を模索する人もいるが，それでも経済活動の支援なしには，生活は成り立たないだろう。

　では，それはお金が大事なことの理由になるのであろうか。答えは，イエスであり，ノーでもある。なぜならば，お金は自分のためだけでなく，他人のため，社会のため，そして人と人がつながり合うきっかけをも創り出すことができるからである。それはどういうことなのか，有名な事例を紹介してみたい。

1-2　貧困を救った銀行——グラミン銀行の登場

　1983年に，バングラディッシュで画期的な金融機関が誕生する[2]。それがグラミン銀行 (Grameen Bank) である[3]。2006年には，創設者のムハマド・ユヌス (Muhammad Yunus) がノーベル平和賞を受賞している。グラミン銀行とは，簡潔に言えば，日常的に消費する食べ物，例えば，果物や卵などを売る物売りの人たちを対象に無担保・無保証で資金を融資する仕組みとして始まった。マイクロクレジット (Microcredit) とも呼ばれ，現在では同様の仕組みが世界的に普及している。

　ユヌスは大学で経済理論の教授であった。しかし，彼はそれに甘んじない。経済(学)は国や地域，そして人を活性化してこそ意味がある。経済理論も然りであった。当時，バングラディッシュでは大飢饉が発生し，150万人という膨大な数の人が死亡した。こうした事態の現状を調査するため，ユヌスは，バングラディッシュのある村を訪れる。そこで灌漑対策にも乗り出すが，それ以外にも大きな問題点を発見する。村で物売りで生計を立てている人たちが，資

　　　う意味である。本章のファイナンスの定義は，個人に焦点を当てているので，パーソナルファイナンスと呼ぶこともできる。
2)　1976年にある村でパイロットプロジェクトが開始され，1983年にグラミン銀行法によって設立された。
3)　ここでの記述は主としてダルニル＝ルルー (2006) のムハマド・ユヌス氏のグラミン銀行の事例紹介の箇所を参考に再構成したものである。

金繰りで苦しんでいることであった。銀行から担保や保証を求められてもそれを充当することができず，結果，高利貸しから食材や材料を調達する資金を借り入れる。しかし，1日のほとんどの売上を返済に充てなければならない状況があった。ユヌスは，「融資を拒否されることがあらゆる疎外の発端となっている」と考えた。ユヌスは，画期的な融資の方法を考える。銀行のように担保や保証は取らずに，自己資金で貸付を行った。ユヌスの信用に応えるように，ユヌスから貸付を受けた小売人たちは，日々の販売に勤しみ，収入を上げ，期日までに全額を返済した。ユヌスが仮説として考えていたのは，正当な金利で長期的な返済計画を持った貸付の必要性であった。自己資金で，パイロットプロジェクトを成功させると，次には，それを大々的にしようと，地元銀行を説得しようとした。しかし，答えはノーであった。地元銀行は，担保も保証もなしに融資するのはリスクだと判断したのである，ごくごく当たり前のことであるが，ユヌスの考えとは違った。グラミン銀行での返済については，5人でグループを作り，お互いの返済に責任を持つ連帯責任を採用した。ユヌスは結局，自分で銀行を興す。結果，国中に広がった。

ノーベル賞の授賞理由は，「底辺からの経済的・社会的発展の創造に対して」であった。授賞理由が示しているように，底辺層の貧困という地域の課題解決に大きく貢献したことがこの仕組みのすごさである。しかし，ユヌスの試みのすごさはそれだけではない。経済学者であるユヌスの挑戦のすごさは，融資を担保や保証なしに実行した点にある。つまり，小口融資の仕組みの変革を成し遂げた点である。結果，小売業者は発展し，ひいては，地域の発展につながったことも，この試みの派生効果である。そして，結果として，新しいファイナンスの仕組みを理解する人が育つということである。第5章「知財とイノベーション」でも紹介されるが，視点の変換が，全体の状況を変える，そうした見方が可能であろう。そして，思考の転換による新しい試みによって地域の課題（社会的課題）を解決するという点で，ユヌスの試みは，1つのイノベーション，ソーシャル・イノベーションなのである。

1-3 地域の課題を解決するファイナンスへ——仕組みづくりと人づくり

マイクロクレジットと呼ばれるユヌスの試みは，マイクロファイナンス（Mi-

図表3-1　ファイナンスとソーシャル・イノベーションとの関連図

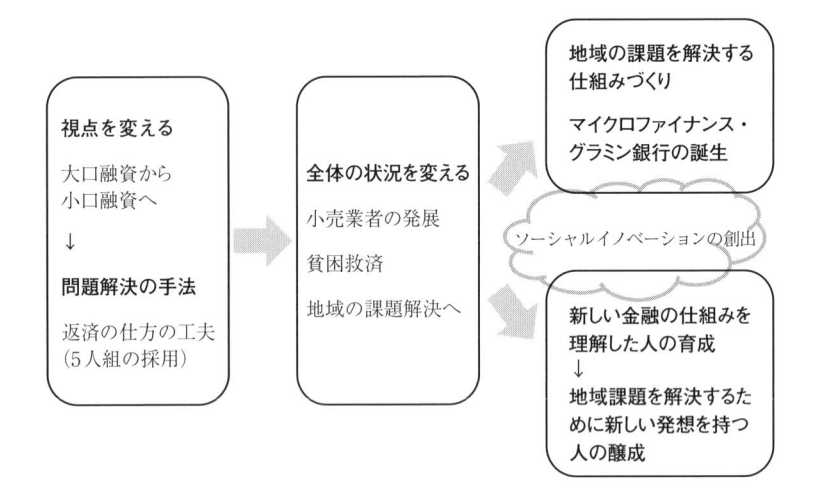

視点を変える
大口融資から
小口融資へ
↓
問題解決の手法
返済の仕方の工夫
(5人組の採用)

→

全体の状況を変える
小売業者の発展
貧困救済
地域の課題解決へ

→

地域の課題を解決する仕組みづくり
マイクロファイナンス・グラミン銀行の誕生

ソーシャルイノベーションの創出

新しい金融の仕組みを理解した人の育成
↓
地域課題を解決するために新しい発想を持つ人の醸成

---

crofinance）というより大きな考え方の1つである。日本語でいえば，小口金融ということになる。小口のお金を貸し出したり，あるいは逆に投資したりすることで，地域の課題が解決するお金の使い方がある。マイクロファイナンスには，そのような社会的機能が備わっている。後半では日本での事例も紹介する。ここでは，グラミン銀行の事例を参考に，地域の課題を解決するファイナンスが，仕組みとして成立し，人を育てていくという構図を示しておきたい。

　ユヌスが着目したのは，融資の条件であった。融資の条件は，銀行の場合，担保や保証である。バングラディッシュの小売業者の人たちの暮らしは，その日の収入で，返済と生活費を稼ぐだけで精一杯であった。場合によっては，返済さえもままならないことも容易に想像できる。そのような人たちが，担保を確保したり，保証人をつけることが困難であることは，また容易に想像することができる。実際に困難であった。

　ユヌスが考えたのは，担保や保証をなしにして，返済が可能になる仕組みであった。さらにつけ加えたアイデアは小口にするということ，もう1つは低金利にするということであった。銀行業の発想では考えにくいことである。ユヌスのアイデアが従来の銀行業と異なったのは手法だけではない。目的が小売業

者の人たちの暮らしをより豊かにすることであり，地域を豊かにすることであった。結果として，貧困問題の解決にもつながることを考えたのである。ユヌスはパイロットプロジェクトを成功させた後，広がりを見据えて，返済の仕組みとして5人組を導入する。これにより，ますます地域の人々の絆は強まり，返済に対する意識は向上することになる。まとめると，視点を変えること（小口融資の導入）で，問題解決の手法を考案し（返済方法の工夫など），結果として，全体の状況を変えてしまったということである。

　この試みは，銀行業への新しい視点だけではなく，マイクロファイナンスという新しい金融の仕組みをつくり出し，さらにはそうした金融システムを理解した人々を育成している。そうしたソーシャルイノベーションを創出していると捉えることができるのである。

　では，こうした視点の転換に至るためのお金に対する考え方について，お金とのつき合いから考えていこう。

❷　お金とのおつき合い

2-1　お金はどこから来てどこに行くか

　お金についてまず知っておかなければならないのは，「どこから来てどこに行くか」という収入と支出の手段についてである。**図表3-2**を見てみよう。[4]

　収支について，普段の生活から，1日のお金の動きから1カ月，1年と期間を広げていってみると分かりやすい。ここで挙げた項目以外にもあるので，考えてみるとよい。さらに，ファイナンスという意味では，お金をどのように管理運用するかということも大事になってくる。そこで，お金の使い方に関して，考えるべきことを挙げてみた。**図表3-2**を参考に，家計簿をつけながら，お金の使い方を考えてみよう。第10章で考える一生でのお金についての検討も参考にしてみるとよい。

　それでは，次に家計に余裕が出てきた場合や足りなくなった場合について考えてみたい。

4）　ここでの記述は，山根（2006）pp. 106-117を参考にした。

図表3-2　収支と考えておくべきこと

収　入	支　出
• 定期収入と不定期収入 • 労働の対価としてのとしての給与 • 他のお金を得る方法（年金，融資，配当など）	• 家計 • 税金（所得税，住民税等） • 社会保険（国民健康保険，厚生年金等） • 生命保険等 • 不定期の支出（車の購入や住宅ローン等）

考えておくべきこと
• 買い物のスケジュールをつくる • 実際の支払についての管理を行う • 予算という考え方を取り入れる • 収支について，短期，中期，長期と分けて考える • 今後の人生で使うお金についてブレストする（案を色々考える） • 紛失したらどうするか，シミュレーションする • 貯蓄の利子や投資信託について調べてみる • 自動車などの管理維持費がかかるものの費用について検討する • 生命保険など考えられるリスクヘッジについても検討してみる

2-2　貯蓄と節約

　家計をどのように捉えるかは，色々な考え方があるが，ここでは，生活費から考え始めてみたい。そこで，家計について，生活費から整理してみた。[5]

　図表3-3を参考にして，1カ月の収入や支出を予想でいいので書き込んでみよう。合計はプラスか，マイナスのどちらかになったでしょう。マイナスの場合は，節約を考えた方がよいし，プラスの場合は，貯蓄として今後どのようにするのか考えておこう。

　それでは，個人のファイナンスとして，どのようにすればよいのかについて考えてみよう。もちろん，できる限り貯蓄を大きくすることが望ましいであろうし，節約をするにしても，効率良くした方がよい。場合によっては，ローンを組んで借金をして大きな買い物をすることもあるだろうし，または投機的商品を購入してお金を増やすこともできるだろう。

---

5) ここでの記述は，全国銀行協会が発行する金融教育テキスト『生活設計・マネープランゲーム 資料集』(2014) を参考にした。全国銀行協会ホームページから取得可能である。

図表3-3　1カ月の生活費と使途

項　目	金　額	
手取り収入（給与明細には差し引き支給額と記載）	(A)	
生活費 衣食住関連費 光熱水道費 医療費 交通通信費	(B) 左記の合計金額	(A)－(B＋C)＝
その他の必要経費 教育関連費（塾代など） 趣味関連費 レジャー関連費（旅行代など）	(C) 左記の合計金額	

❸　ファイナンスの個人と全体

3-1　レンディングとファンディング──お金の運用の例

　ここでは，個人のお金の運用について，レンディング（lending 融資）とファンディング（funding 投資）を例に挙げて考えていきたい。レンディングの具体例として，例えば，車を購入する時のローンがある。ローンには金利がある。借入金額（元金）に対して一定程度の利率を元金に加え，返済回数を決めて返済する。ローンは，その時にはお金が足りなくても購入できるメリットがあるが，返済できない可能性というデメリットがある。

　ファンディングの具体例としては，例えば，株式投資がある。株式投資は，株式会社が公開している株を購入することを指す。証券会社に口座を作ることで購入することができ，株式の価格は毎日変動する。株式は売買することができるので，売買の価格差で投資による儲けを得ることもできる。ただし，証券会社に売買委託手数料などを支払う必要がある。

3-2　仕組みづくりの失敗──レンディングの悲劇，ファンディングの悲劇

　さらに本章で考えてみたいのは次のことである。レンディング，ファンディングともにより多くの人に利用してもらうにはどのようにしたらよいかという

第3章　ファイナンシャル・リテラシー　43

[コラム] 共有地の悲劇[6]

　ギャレット・ハーディン（Garrett Hardin）は，牧草地を共有する牛飼いたちの行動と共有地との関係を考えた。個人主義的に行動する牛飼いたちは，牛1頭を増やせば利益を上げることができる。共有地全体で考えると，牛1頭を増やした時に与える共有地全体への負担（牧草の供給量や維持管理等）は，共有地を利用する牛飼い全員で負担すればよい。したがって，牛飼い1人あたりの利益（＋1）と負担（－1／牛飼いの人数）は，利益の方が割合的に大きい。牛飼いとしては，負担を軽減しながら，牛を増やすことができると考えるので，どんどん牛を増やし続ける。しかし，共有地は有限である。

　やがて共有地である牧草地は朽ちていってしまう。それが共有地の悲劇である。ハーディンの説は，環境問題における資源論に活用されたり，規制なき資本主義にたとえられたりもした。本章で押さえるべきは，個人の利益と全体の不利益のバランスの悪さである。全体の不利益を社会的課題と捉えてみると，本章との相性も良くなるであろう。どのようにすれば，全体の不利益と個人の利益を最終的に合致させられるだろうか。これが，ソーシャル・イノベーションを起こすために大事な問いである。

ことである。レンディングの場合，金利は高くない方がよいと考えるだろう。確かに金利が低ければ，返済額は大きくなくて済む。しかし，貸出側から見れば，金利を下げるということは，貸すための信用条件を高めることにもなる。今までは，借入可能だった人たちが借入できなくなるというデメリットがある。また，ファンディングの方はどうであろうか。売買委託手数料が安ければ安いほどよいと考えるだろう。手数料がなければ，儲けは大きくなる。しかし，手数料がなくなり，現実には短期投資家たちが増えた。短期投資家たちの投資市場に与えた影響は投資する人の拡大というプラスの側面もあるが，株式会社にとっては長期投資家の発展にはつながらないとうマイナスの側面もある。悲劇とはいいすぎかもしれないが，個人の利益を考えすぎると全体の不利益をもたらすということは確認してもらえるだろう。

---

[6]　ハーディンの「共有地の悲劇」に関する解説は多数存在するが，例えば，『環境の社会学』（関礼子ほか著，有斐閣，2009年）では，共有地の維持という観点から説明がなされている。同著での解説も参考にした。

この例示では，個人の利益が全体の利益につながるかどうかのファイナンス（金融）を中心にした検討だと捉えてもらいたい。近年急速に日本でも普及しつつある，電子マネーの登場も個人に便益をもたらしているが，どのような全体的利益があるかどうかという点から考えてみてもよいだろう。

4　お金に意思を持たせる時代

　ここまで，ファイナンスと個人の関係について考えてきた。個人の利益を考えることは大事だが，どうもそれだけでは足りないということまでは理解してもらえたのではないだろうか。グラミン銀行の例では，個人の利益をさらに全体の利益につなげることができていた。これからの時代は，手法はどうあれ，社会的課題を解決する＝全体の利益をもたらすファイナンスの仕組みとそうした仕組みを創る人づくりが必要なのではないだろうか。要するに，何のためにお金を使うか？　が大事になってきているのである。お金は単にそれだけで存在するのではなく，人と人とを結びつける大切な手段・ツールだともいえるだろう。

　最後に，日本で展開されつつある，興味深いファイナンスの取り組みをいくつか紹介して，本章を閉じたい。

　寄附というとどのようなイメージを持つだろうか。日本の寄附額は名目GDP比0.11％と欧米（アメリカ2.2％，イギリス0.8％）に比べるとまだまだ低い[7]。しかしながら，民間非営利団体の資金調達（ファンドレイジング）は，多様に活発になりつつある[8]。寄附をすれば寄附控除を受けることもできるので，興味のある人は調べてみよう。それだけでは物足りない人には，ファンディングの新しい試みも出てきているので，そちらを見てみよう[9]。災害などでつぶれてしまった店を再建する。ただ，再建するだけではなく，事業計画を立て，何年でこ

---

7)　内閣府NPOホームページ「寄附を知ろう」からの引用。日本とイギリスは2007年の数値，アメリカは2008年の数値である。
8)　日本ファンドレイジング協会が主催する「ファンドレイジング・日本」では，様々なファンドレイジングの試みが紹介されている。
9)　ミュージックセキュリティーズ株式会社が運営する「セキュリテ」では，このようなファンドが多数募集されている。
　　なお，本章で参考にしたインターネットを通じての情報取得は執筆時のものである。

こまで再建するという計画を出し，投資を募る。計画通りに再建が進めば，儲けに応じた配当がもらえる。それだけではなく，再建中もその地域を訪問し，お店の料理が楽しめる，そういうイベントもある。そういったファンドの仕組みも生まれている。

また，民間的に銀行を始める組織もある（NPO金融など）。団体によって基準は異なるが，融資の基準は，担保や保証だけではなく，事業の志をはかっている。まだまだこれからの段階だが，グラミン銀行にも影響された組織が日本でも生まれ始めている。

お金は生活に大事であるし，切っても切れないものである。また，家計など個人でもお金を運用するという視点は人生の中でキャリアを考える際にも大事である。さらには，本章で考えてきたように，お金を社会で活かすという視点もこれからの時代には必要となってこよう。お金に意思を持たせることで，ソーシャル・イノベーションを興す。そうした仕組みや人が育ってくることを期待したい。

［課題］
1. 1カ月の家計簿を予測でよいのでつけてみよう（家計簿はインターネットで検索すると多くの参考になる資料が出てくるので，自分の好きな資料を使ってみよう）。1カ月の収支のバランスを取るためにはどのように生活をしたらよいかを想像しながら，家計簿をつけてみるとよい。
2. あなたが解決したい社会的課題を1つ挙げよ。またそれを本章で見てきたように，マイクロファイナンスの仕組みで解決するとしたら，どのようにしたらよいか考えてみよう。

［主要参考文献］
1. シルヴァン・ダルニル，マチュー・ルルー／永田千奈訳（2006）『未来を変える80人――僕らが出会った社会企業家』日経BP社。
2. 山根栄次（2006）『金融教育のマニフェスト』明治図書。
3. 全国銀行協会（2014）「生活設計・マネープランゲーム　資料集」。

第4章 クラウドファンディングの活用

―― ファイナンススキームを地域の創生に応用する

> クラウドファンディングという言葉を，新聞紙上やインターネットでよく見るようになった。しかし多くの日本人が，「言葉は聞いたことがあっても，具体的にどういうものか分からない」「知っているけれど，自分には縁のないものだ」と思っていないだろうか。またはスキームを知っていて，実際にお金を集めよう，お金を出そうという気持ちがあるものの，資金を集めてそれを元手にプロジェクトを動かすのがクラウドファンディングの使い方だという，思考の枠にとらわれていて，クラウドファンディングがどのような可能性を秘めているかをよく理解していない場合も多いのではなかろうか。
>
> この章は，一般にもおよそ定義がまとまりつつあるクラウドファンディングについての正確な理解と，同スキームによる地域の創生への寄与の可能性を知ることを通じ，読者のキャリア形成につなげることを目的とする。

1 現代社会とクラウドファンディング

イギリス・クラウドファンディング協会（UK Crowdfunding Association）のホームページの冒頭に，クラウドファンディングの根底にある考え方が分かりやすく記されている[1]。

「あなたのビジネス，プロジェクト，またはベンチャービジネスに，オンラ

---

1) イギリス・クラウドファンディング協会は2013年3月に設立された。同協会のホームページの冒頭の文章には，2014年12月現在，"Imagine being in contact with 100,000 like-minded people who each want to invest £10 in your business, project or venture online. That's the basis of crowdfunding – literally sourcing funds from a crowd." と記されている。

インにて£10を投資したい100,000人の共鳴者と連絡が取れることを想像してください。それが，文字通りの，群衆から資金を外部調達するクラウドファンディングの礎である」と説明している。そしてどのようなビジネスやプロジェクトであっても，伝統的な銀行制度を迂回して資金にアクセスできる「大衆の金融」であるとする。つまりクラウドファンディングは銀行からの資金調達が難しい時の魅力的な方法であり，地域社会を活性化させ，役に立つものである。本章では，日本において，地域にどのように寄与するかについて説明をしたい。

1-1 クラウドファンディングの定義

　クラウドファンディング (crowd funding) は，「不特定多数の人に，理念や必要性，アイデアの良さをインターネット等で訴え，他の人々や組織の共感を呼び，資金を集める手法」を指す。群衆 (crowd) と資金調達 (funding) を組み合わせた造語である。

　1990年代後半より，インターネットが資金調達の1つの手段・方法の一翼を担っている[2]。ある個人がインターネット上で海外の自然災害を受けた被災者に対する募金を呼びかけたところ多額の寄附が集まるという事例が生まれた。インターネットで募金を呼びかけること自体は特段珍しいことではないが，特に有名な人物でもない個人の呼びかけで多額の金額が集まった点が興味深い。

　むしろ特に有名でないことが成功につながることもある。大きな団体は有名であることから集まる金額が多いが，寄附した人の意思が尊重されているか判断が難しいと考える人もいる。そのような人は著名な団体に対してではなく，個人の理念そのものに共感しその個人に寄附を行う。

　この例のように，クラウドファンディングで重要なことは「共感 (sympathy)」であり「応援 (support)」である。その意味で従来のインターネット等を利用した広告や資金調達等とは一線を画す。

　なおソーシャルファンディング (social funding) と呼ばれることもある。ソーシャルという言葉が当てられる背景には，家族や仕事仲間，友人など，あるコミュニティに属する個人間のつながりを指すソーシャルネットワーク (social

---

2) 後述するアメリカや日本の事例など，クラウドファンディングという言葉が生み出される前から，インターネットを利用した資金調達は生まれている。

network）の要素があるからと思われる。またクラウドソーシング（crowd sourcing）とも呼ばれることもある。業務を外部委託するアウトソーシング（outsourcing）に関連させた，群衆（crowd）と委託（sourcing）を組み合わせた造語であるが，資金調達に限らず共同で進める作業を指す場合もあるため，厳密にはクラウドファンディングとは区別される。

1-2　クラウドファンディングの起源

　クラウドファンディングの起源は，17世紀に遡る。インターネットの誕生前は，手段としてのインターネットは存在していなかったものの，クラウドファンディングの根底にある共感と応援による資金調達の考えはすでに存在していた。

　17世紀に活躍したジョン・テイラー（John Taylor）が，本の印刷費用を寄附で集め，その見返りに寄附者名を本に謝辞として記載したという。形式上，謝辞の部分を購入したとみることもできるので，後に説明する購入型のクラウドファンディングの起源といわれることが多いが，謝辞の掲載が目的でないとすれば寄附型の起源ということもできる。

　同様の事例は，18世紀の楽曲制作活動にも見られる。モーツァルト（Wolfgang Amadeus Mozart）やベートーベン（Ludwig van Beethoven），バッハ（Johann Sebastian Bach）といった著名な音楽家も，一般の市民から集めたお金で曲の作成を行い，支援者に見返りとして楽譜を提供していたとされる。

　これらは確かにインターネットという部分を除けば，まさに購入型か寄附型のクラウドファンディングと考え方が一致する。

　では次の事例はどうだろうか。自分たちの生活の利便性の向上のために，住む街の鉄道会社に出資する，または株主優待を得る目的で株式を所有することで，その会社を応援することになる。場合によっては廃線の危機を救うことになるかもしれない。または，有名な遊園地に遊びに行くと，思っていた以上の内容であったとする。そのサービスや体験に感動をしたあまり，これからもその遊園地を運営している会社を応援したいと思い，その会社の株主になった。やはりこれらは共感と応援による資金調達につながることから，現在のクラウドファンディングに通じるものがある。これらは日本においても株式投資の形

図表4-1 寄附型クラウドファンディングのスキーム例

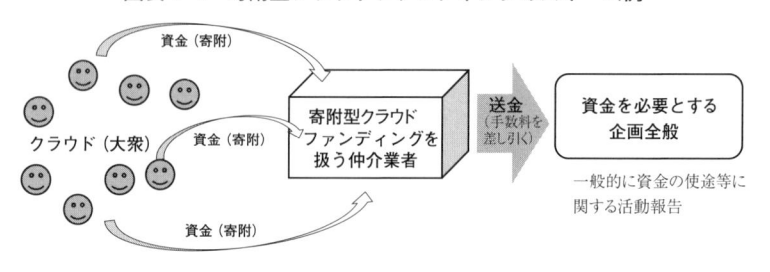

で20世紀に実現されている。またこの制度自体は1602年のオランダの東インド会社設立の時代に遡る事例も存在するかもしれない。これらは投資型のクラウドファンディングの起源ということができる。

2 クラウドファンディングの種類

クラウドファンディングと一概にいわれているものも，その内容には違いがあり，それらは見返りの違いにより，大きく分けて見返りのない寄附型，見返りが金銭以外の購入型，見返りが金銭である投資型（貸付型，株式型，ファンド型）の3つに分かれる。

2-1 寄附型クラウドファンディング

資金を必要とする団体や企業等（企画者）は，寄附型クラウドファンディングのポータルサイトより，インターネット等を通じて企画を遂行するための資金の必要性を訴える。それを見て理念に共感し応援しようと思った人は，資金を「寄附」として出すため，見返りは原則として存在しない。見返りが存在しないことから，理念に共感し応援する要素がきわめて強い。

2-2 購入型クラウドファンディング

資金を必要とする団体や企業等（企画者）は，購入型クラウドファンディングのポータルサイトより，インターネット等を通じて企画を遂行するための資金の必要性を訴える。それを見て理念に共感し応援しようと思った人や，その企

図表4-2 購入型クラウドファンディングのスキーム例

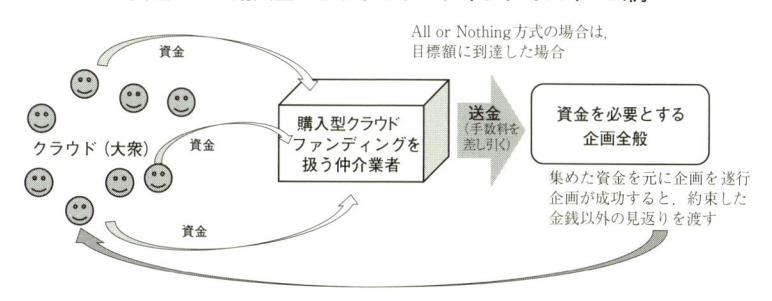

画が達成された時に得られる見返りに興味を持った人，およびその双方を感じた人は，企画遂行のための資金を出す。購入型クラウドファンディングでは，企画者の目的が達成された場合，お金以外の何らかの見返りを資金提供者に渡す。

購入型クラウドファンディングの仲介業者によっては，All or Nothing方式と呼ばれる，資金が目標額まで集まらない場合にその資金調達計画を白紙に戻し，それまでに集まったお金を返金する形態を取る場合もある。その場合は，資金提供者にとって実質的な損害は発生しないものの，All or Nothing方式で資金が目標額に達した場合や，同方式を取らずに企画を開始する場合などは，ある意味で前払い式の購入とも取れる。もし企画の進行が途中でとん挫した場合は，予定していた見返りが得られない可能性があり，リスクが伴う。

2-3 投資型（貸付型，株式型，ファンド型）クラウドファンディング

資金を必要とする団体や企業等は，投資型クラウドファンディングのポータルサイトより，インターネット等を通じて資金の必要性を訴える。なお，投資型クラウドファンディングは，さらに貸付型，株式型，ファンド型の3つに分けることができる。

貸付型は，融資型やレンディング型とも呼ばれるが，貸す人と仲介業者の間で匿名組合契約を結び，仲介業者が集めた資金をプロジェクトやビジネスを行う企業や団体，個人等に貸し付ける方式である。金利や経営アドバイスの有無等の差はあれ，企業等にとっては銀行等からの融資を受ける点と基本的にほと

第4章 クラウドファンディングの活用

図表4-3 貸付型クラウドファンディングのスキーム例

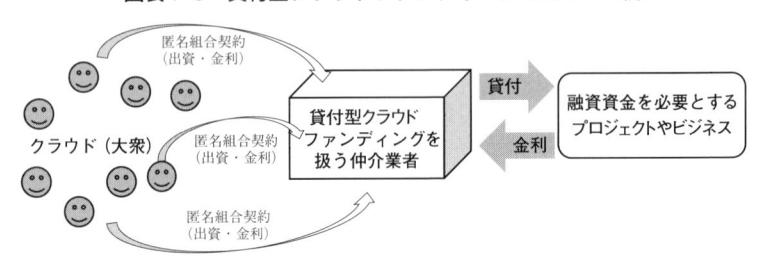

図表4-4 P2P型クラウドファンディングのスキーム例

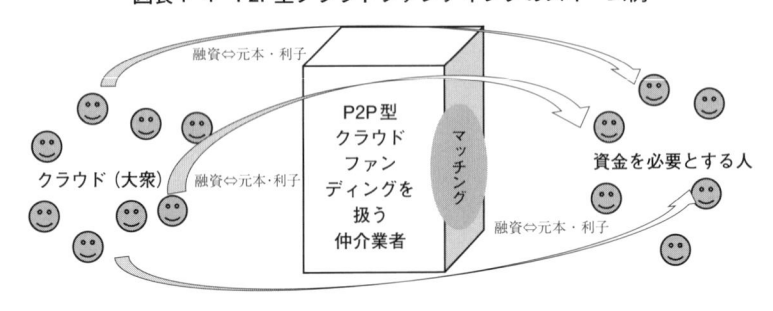

んど変わらない。しかし貸す人々の側にとっては，銀行に預金すればどのような対象に貸し出されるか不明であるが，貸付型クラウドファンディングの場合は，およそ貸出先の性質が分かるため，共感と応援にもつながり，そこにクラウドファンディングの特徴を見出すことができる。[3]

　なお図表4-3とは別に，図表4-4のようなソーシャルレンディング（social lending）またはP2Pレンディング（Person 2（toのこと）Person Lending）と呼ばれる融資形態が存在する。これは，お金を貸す人とお金を借りたい人をインターネット上で結びつけるサービスである。クラウドファンディングの1つの形態と捉えることができ，貸付型に分類することができる。

　株式型は，エクイティ型とも呼ばれるが，その字のごとく株式への出資を行う方式である。しかし売買が比較的容易な上場市場とは異なり，出資後に流動

---

[3] 単にインターネットを通じた資金移動はインターネットバンキングであり，クラウドファンディングと呼ぶには適さない。

図表4-5　株式型クラウドファンディングのスキーム例[4]

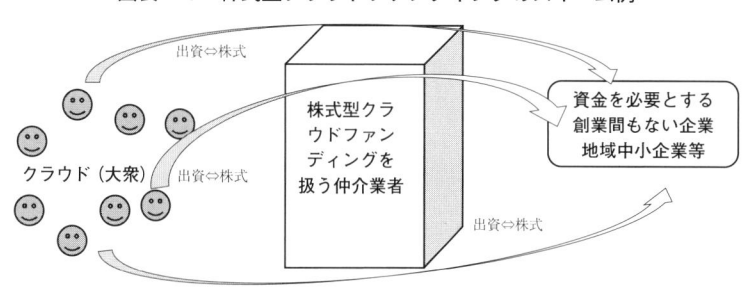

性の高い流通市場は存在しない。よって上場時の新規株式公開の売り出しに応じるものとは性質が異なり，購入後すぐに売却して株式売却益を得にくい。つまり株式を所有する期間も相応の長さとなる可能性が高く，その間，事業の成長を見守る気持ちが必要である。また比較的社歴の浅い会社や財務基盤が脆弱な会社も多いと想定されるため，平均して倒産リスクも高いと見るべきである。それゆえ共感と応援の要素が必要であると考えられる。

そのような意味において，株式型クラウドファンディングにきわめて近い形態が，日本証券業協会のグリーンシート登録企業の株式である。実際，出縄(2003)[5]は，グリーンシート市場への投資に参加する投資家像について，「例えば，民間の鉄道会社。最初に出資を行った資本家はどういう目的で投資を行ったのだろう。少なくとも，来月株価が上がったら売ろうと思っていたのではないことは明らかだ。投資した資金で，線路を敷き，駅をつくり，多くのお客様に使っていただいて，事業として，産業として伸ばしていく。その事業そのものに投資を行ったのだ」と述べている。すでに株式型クラウドファンディングのスキームは，ほぼグリーンシートの段階で出来上がりつつあったといってよい。よって投資家はアメリカでいわれるビジネスエンジェルのイメージにも近[6]

---

4) 株式はクラウドファンディング事業者が保有する形態も想定される（投資家は持分を保有する形態）。日本における株式型クラウドファンディングは，グリーンシート等を参考にしつつそのあり方等について検討されている。2015年5月に改正金融商品取引法が施行され，その方向性が定められた。
5) 出縄(2003) p. 101。
6) 社歴の浅い企業や，創業時などに出資する富裕層の個人のことを指す。

第4章　クラウドファンディングの活用　53

図表4-6 ファンド型クラウドファンディングのスキーム例

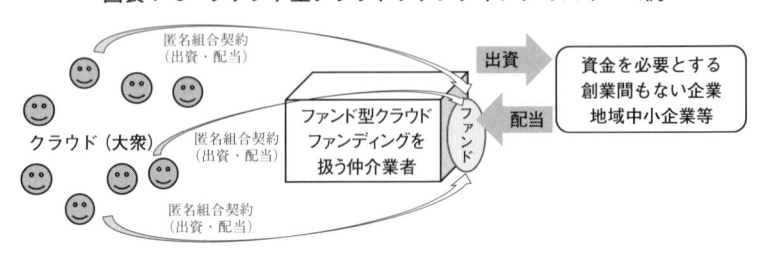

いといえる[7]。

　ファンド型は，貸付型と株式型のハイブリッド形態ともいえる。ファンド型クラウドファンディングを扱う仲介業者を介し出資者と企業等の間で匿名組合契約を結び，資金を企業等に出資する方式である。資金を調達する企業等にとっては，株式型クラウドファンディングに比べ株主数を抑えることができるというメリットが存在する。

　なお金融庁は，金融商品取引法等の一部を改正する法律の概要にて，投資型クラウドファンディングに「新規・成長企業等と投資者をインターネット上で結びつけ，多数の者から少額ずつ資金を集める仕組み」とする注釈をつけた[8]。共感や応援という言葉は入っていないものの，取引市場のない株式等に少額であれ資金を出すという行為にとって，共感や応援がないというのは不自然なため，それらの考えを排除していないと考えていいだろう。

❸ 共感と応援の資金調達の日本における可能性

　クラウドファンディングはその手法が多岐にわたっているため，市場規模を測るのが難しいとされているが，欧米を中心に世界的に急速に普及しているとされ，その市場規模は2013年に5000億円程度，2014年は1兆円を超えるとされる。それゆえ日本においても今後の市場拡大が期待されている。しかしなが

---

7) グリーンシート銘柄制度は，1997年7月からスタートしたが，2018年3月31日をもって廃止されることが決定している。
8) 金融庁（2014）p. 1.

図表4-7　クラウドファンディングの分類

分類	寄附型	購入型	投資型			
			貸付型		ファンド型	株式型
				P2P型		
概要	主に仲介業者を通じて，寄附を募る。対価は基本的にない。	集めた資金で製品またはサービスを作り出し，資金提供者にお金以外の見返りを提供する。	仲介業者が多数から集めた資金を貸し付ける。元本の返済以外の対価は金利となる。		仲介業者を通じ出資金を多数から集め，ファンドとして出資を行う。配当等が対価となる。	仲介業者を通して，株式を売り出す。配当等が対価となる。
代表的な仲介業者，サイト等	ジャストギビングジャパン	レディフォー，キャンプファイヤー	マネオ，アクシュ		セキュリテ	日本クラウド証券
仲介業者の免許の要否			第2種金商業		第2種金商業	第1種金商業

ら，日本における2013年度の市場規模は約6億円とされる。[9]

3-1　寄附文化の違いに見る寄附型クラウドファンディングの可能性

　寄附型クラウドファンディングは，日本において拡大するだろうか。すでに2-1で見たように，寄附型クラウドファンディングは，従来の寄附の形態とさほど変わらない。すると，日本と他国の寄附文化の違いに注目する必要がある。日本における寄附総額は5910億円（2007年）であり，そのうち個人によるものは19.1％とされる。アメリカにおける寄附総額は36兆2258億円（2008年）であり，そのうち個人によるものは81.9％とされる。イギリスにおける寄附総額は1兆812億円（2007年）であり，そのうち個人によるものは94.2％とされる。つまり日本においては，その総額こそイギリスの半分程度であるが，**図表4-8**に見るように個人による寄附の割合が圧倒的に低い。

　クラウドファンディングは本章の冒頭の説明の通り，資金の出し手を大衆である一般の個人を対象とした資金調達方法であるが，個人寄附の割合が80％

---

9)　Anipipop!ホームページ記載の説明による。

図表4-8　イギリス，アメリカ，日本の寄附支出比率[10]

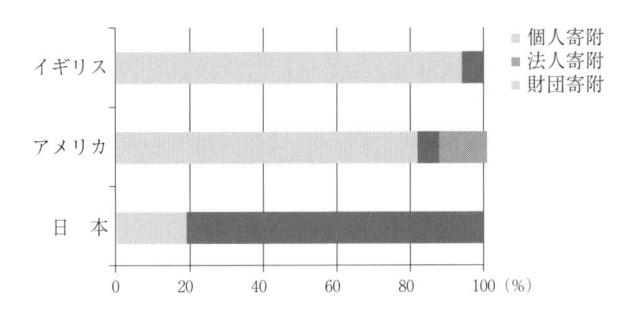

を超えているイギリス，アメリカで成功しているからといって，同割合が20％に満たない日本において成功すると考えるのは，現状ではきわめて厳しい。

　日本が極端に低い理由として，税制の違いも挙げられる。税制に関しては確かにその優遇により企業等の法人からの寄附への効果は少なからず存在すると思われる。しかし，一握りの富裕層による寄附の税制の問題という話ではなく，クラウドファンディングは小口の大衆資金を対象としており，共感と応援という要素により大衆の意思決定を左右するので，個人寄附を動かすことが大切である。金額の大きい部分における税制の変更には，さほど高い効果を期待できない。[11]

　先述の寄附文化についてはキリスト教圏ではその戒律の影響が強いといわれている。文化を変えることはなかなか難しいまでも，日本では一般個人の所得税制等のさらなる制度変更も検討することで変化をもたらす可能性がある。

3-2　ふるさと寄附金の事例に見る購入型クラウドファンディングの可能性

　ふるさと寄附金とは，一般的にはふるさと納税と呼ばれるが，自治体に行う寄附のことを指す。わが国において2008年に始まった。一定額を超える寄附を行った際に，確定申告により税金の一部が軽減される。このことから，現在納めている税金を別の自治体に移転すると考えることができる。

---

10) 内閣府資料より，数値を抜き出し筆者作成。
11) なお日本では，所得の再分配を国の役割として税金が担ってきた経緯がある。寄附に制限をかけることで，自らや知人が設立した団体等に寄附をすることによる脱税を生まないという考えがある。

> [コラム] タイガーマスク現象
>
> 　2010年のクリスマス，群馬県の児童相談所にランドセル10個が届けられた。差出人は漫画「タイガーマスク」の主人公の「伊達直人」という匿名であった。同漫画には主人公が自らが育った孤児院へ匿名で寄附をする場面がある。群馬県の事例が全国的にニュースになると，翌年の元旦以降，次々と全国で児童関連施設に対する同様の物品による寄附行為が相次いだ。同現象を総称して「タイガーマスク現象」または「タイガーマスク運動」という。
> 　同ニュースは，きっと多くの日本人の心に響くものがあったのではないかと考える。2015年現在も同現象は続いている。日本にも寄附文化は存在するのである。筆者は日本にも寄附文化は十分に根づいていると確信する。ただお金という形を避けたいと考えるのが私たち日本人ではないかと考える。

「ふるさと」という言葉がついているものの，寄附先を自由に選択でき，また複数の自治体に寄附することも可能である。寄附金の使途を指定することができることも含めると，共感と応援の要素も含んでいると考えられる。さらに寄附により，寄附先の特産品等が対価として得られる場合もあることから，いわゆるふるさと納税は，寄附型よりは購入型のクラウドファンディングといえる。

ふるさと寄附金の利用者数と寄附金総額の推移を示したのが**図表4-9**である。2011年の東日本大震災により，同年の利用者数を前年と比較した場合，3万3458人から74万1677人へと約20倍に，寄附金総額では67億円から649億円へと約10倍に増えた。

寄附という名目でありながら，特産品等の見返りが存在することから，ふるさと寄附金の制度についてそのあり方の是非（つまり特産品がもらえるから寄附をするというのは，寄附の形ではない）とする考え方もあり，その考え自体を否定はしないが，少なくとも寄附型でなく購入型のクラウドファンディングと考えることができる。つまり日本におけるクラウドファンディングの市場は，実は6億円という程度のものではなく，すでに2011年段階において約650億円規模で存在していたと考えることも可能である。その意味において，日本において，このふるさと寄附金のような形での購入型クラウドファンディングは諸外国に

図表4-9 ふるさと寄附金の推移(左軸：利用者数，右軸：総額)[12]

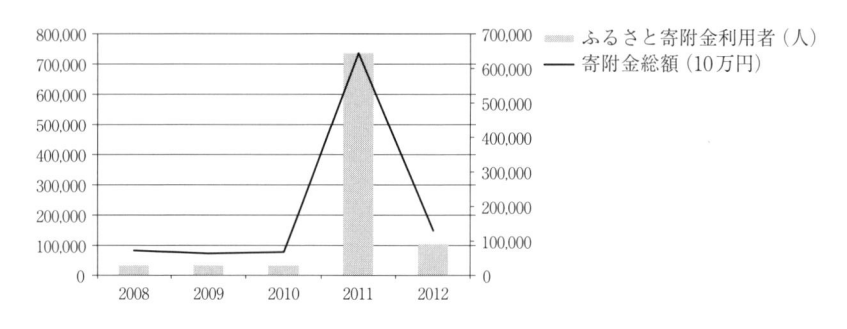

劣らない，むしろ世界的なモデルとなると考えられる。

3-3 グリーンシートの事例に見る投資型クラウドファンディングの可能性

　出縄は，共感と応援の資金調達に関し，「拡大縁故増資」という言葉を用いた[13]。それはいわゆる東京証券取引所への上場とは異なる，日本証券業協会が運営するグリーンシート市場において用いた言葉である。この言葉はクラウドファンディングのスキームや考え方に非常に一致する。というのも，拡大縁故増資では「これまで株式投資にほとんど関心のなかった方が，その企業の株主になることを目的として投資参加」するからである。株式市場の売買による差益を主たる目的とする流通市場（セカンダリーマーケット）に参加する投資家ではなく，その会社が発行する株式の最初の株主になる発行市場（プライマリーマーケット）に参加する人々を対象とする。グリーンシート市場は流動性が高くはないため，株式が流通しだしても急騰による売買差益（キャピタルゲイン）を期待しにくい。増資を引き受けた投資家は，その企業の次のステップへの成長を見守ることが多い。

　出縄はグリーンシートにおける拡大縁故者の投資は，従来の投資文化と一線を画しているとした。その理由は，「株をやりたいたくないけど，あの会社の株主になるのだったらいい」という投資であるからである。つまり拡大縁故増資には共感や応援の要素が多分に含まれる。また「株式会社の仕組み，株主の

---

12) 総務省資料より，筆者が数値を基に作成。
13) 出縄 (2003) pp. 188-189。

[コラム]　ふるさと寄附金構想の誕生[14)]

　ふるさと寄附金の構想は，2006年10月に2015年現在も福井県知事の西川一誠氏が「人の循環システム」の考えを基に2006年10月に故郷寄附金控除制度の提案をしたことが始まりの1つといわれている。「人の循環システム」とは，地方で育った人が都市に出て働き，退職後は地方に戻るという移動の形態を指し，その点から同氏が，地方が子どもを育むことに費やした行政コストを都市から回収する手段はないかと考えた。そこで，納税者が故郷の自治体に寄附を行った場合に，それに見合う税額を所得税と住民税から控除するという構想に至ったとされる。

権利あるいは経営者の責任といった教育が進んでいない日本では，株主になってみて初めてその意味もわかるようになる。やがて株主総会の招集通知が送られてきて，株主総会に出席して議決権を行使できることを実感する。利益があれば，実際に預金通帳に配当金が払い込まれたことを見てそれを実感する。このような経験を通じて，株式投資の本質が理解され，次の投資につながっていく」と述べ，「株主と会社の本来の関係づくりが証券市場を通じて実現されたとき，アダム・スミスの言う『見えざる手』による資本主義経済の真の繁栄がもたらされる」とした。

　図表4-10に，各年末におけるグリーンシート銘柄数の推移を示した。2004年末の96銘柄をピークに，その後，減少している。その理由として，制度および会社側の問題と投資家側の問題の2つに分けられる。

　制度および会社側の問題として，グリーンシートに株式を公開する会社は，投資家に自社の財務内容を説明するための書類の作成と開示，およびその監査証明が必要とされ，その費用負担が資金調達額および会社が生み出す利益，会社の成長速度に追いつきにくいことが挙げられる。会社が目標を掲げ，計画上は次のステップに上がれるとしても，2000年代前半の新興市場の上場基準は年々厳しくなり，またグリーンシート公開維持に関わる財務監査費用等が増大していく過程で，公開維持を断念せざるをえなくなった会社が出てきた。

---

14)　加藤（2010）p. 120。

図表4-10　グリーンシート銘柄数の推移[15]

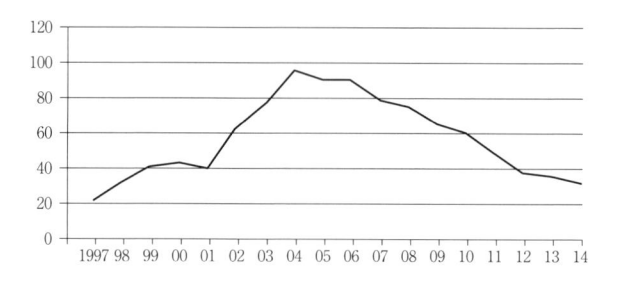

　投資家側の問題として，同市場の売買を仲介する証券会社が増加しなかったこと，市場参加者が増えなかったことによる流動性のなさ，およびそれに伴う市場としての魅力の欠如という悪循環に陥ったことも一因と考えられる。また**図表4-11**のように，日本の家計ポートフォリオは現金・預金に偏っており，相対的に投資を行う人の割合が低い。市場の成功は，資金調達を行う会社，資金を出す投資家，その売買を仲介する証券会社のそれぞれに，メリットが存在しなければ成立しない。グリーンシートの課題は，それらの克服にあったといえる。

　では理念がきわめて近い投資型クラウドファンディングは成功するのであろうか。株式市場と比較した場合，制度および会社側の問題はかなり軽減される。資金調達時の発行手数料に当たる費用は投資型クラウドファンディングにおいても相応に見込まれるが，その後の維持費用においては，株式市場より負担が軽減する可能性が存在する。しかしながら**図表4-11**で見た日本独特の家計ポートフォリオの内訳で，投資型クラウドファンディングであるからという理由で現金・預金から移動するという理由は存在せず，その意味で何らかのインパクトのある制度改正がない限り，現状においては日本における投資型クラウドファンディングが諸外国と同等に増加すると考えるのは難しい。また諸制度等の改正と充実は多少なりの効果は見込まれるが，根本的な金融経済教育の充実による日本国民の金融リテラシーの向上と考え方の変化が生じない限り，投資

---

15)　日本証券業協会ホームページより数値を引用し筆者作成。データの連続性を考慮し，エマージング（Emerging），オーディナリー（Ordinary），フェニックス（Phoenix），リージョナル（Regional），投信・SPC（The Investment Trust/SPC）の全ての合計数を示した。

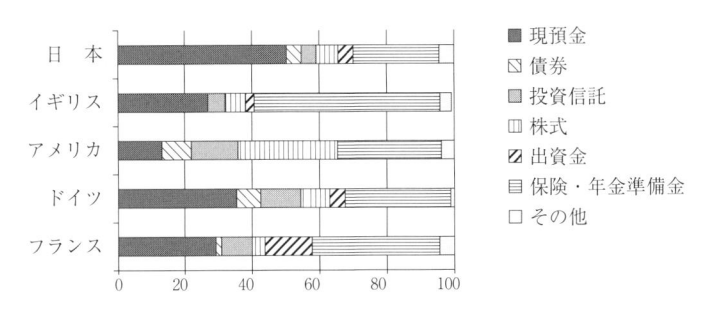

図表4-11　家計ポートフォリオの各国比較[16]

　　　　　　■ 現預金
　　　　　　☒ 債券
　　　　　　▨ 投資信託
　　　　　　▥ 株式
　　　　　　▧ 出資金
　　　　　　▤ 保険・年金準備金
　　　　　　□ その他

型クラウドファンディングへの過度な期待は禁物である。

④ 日本式クラウドファンディングで地方創生

4-1　思考の枠の外に出て考えるクラウドファンディング

　ここで思考の枠の外に出て考えてほしい。クラウドファンディングを拡大しなければいけないのだろうか。なぜクラウドファンディングに注目が集まっているのだろうか。

　世界的な課題解決にクラウドファンディングが使われる事例は多く存在する。貧困，格差や疫病，衛生といった取り組みに対する寄附であったりソーシャルビジネスであったりと，確かにそれらの実行に対する資金をクラウドファンディングで集め，成功させることで大きなインパクトが期待できる。

　では日本における地方創生という課題も同様の方法でいくべきであろうか。クラウドファンディングという手段を作るのが真の目的ではない。課題を解決することが目的である。第3節で述べたように，諸外国で成功しているとされるクラウドファンディングの手法をそのまま日本に持ち込んで成功するとは限らない。一方で，日本では実は諸外国に先駆けてクラウドファンディングのモデルが成功していたとも考えられる事例がある。それは3-2で見たように，「ふるさと寄附金」である。

　目的が地方創生であるならば，このふるさと寄附金は，クラウドファンディ

---

16)　内閣府ホームページを参照し，筆者が組み直して作成。各国ともに2007年末の数値。

ングで「活動のための」資金を集める方法以外にも，日本の地方創生の可能性を示唆している。ふるさと寄附金は寄附という枠の中で考えると，確かに見返りに特産品を得ることから，見返りを得ることが目的になるのではないかとし，共鳴や応援という考え方とは少しずれると捉えられがちな部分がある。しかし逆にその考えを応用するのである。

4-2　世界のモデルとなった一村一品運動

　タイでは様々な場所で"OTOP"という四字熟語ならぬ四字略語を目にする。これは"One Tambon One Product"の略，つまり「一村一品政策」のことである。[17] 一村一品政策はかつての大分県知事であった平松守彦氏が1979年に提唱し1980年から始まった日本の「一村一品運動（OVOP; One Village One Product)」が手本となっている。平松氏は，地域が自立し，無理なく地場産業を興すことを目的としてこの運動を始めた。取り組みを広めるため，地域のリーダーを育てること，つまり人づくりに力を入れたことは有名である。

　ふるさと寄附金においては，対価として特産品が渡される。3-2や4-1でふるさと寄附金は，見返りに特産品を渡すことで，それを得ることが目的になり共感や応援とは少しずれる危惧を述べたが，寄附者（購入者）が魅力的な特産品を目当てに積極的にふるさと寄附を行い，それにより地方の財政バランスが良くなるのであれば，今こそ地方の自治体は自分たちの特産品をアピールすることによりふるさと寄附金に力を注げばよい。

　クラウドファンディングで資金を集め何かのプロジェクトを遂行するだけではなく，クラウドファンディングで資金を集めるために魅力的な特産品を創り出すことに集中するのである。もちろんふるさと寄附金により移転された税収は地域に活かされなければならないことはいうまでもない。またそこで得た税収を，一村一品運動にまわすという考え方もあるだろう。

4-3　地域創生に必要なクラウドファンディング

　ふるさと寄附金という日本式のクラウドファンディングは，**図表4-9**で見たように2011年に649億円の市場規模を記録した。ふるさと寄附金が特産品目

---
17)　"Tambon"とは日本でいう「村以上群以下」に当たる行政単位のことである。

当てという見方をされようが，東日本大震災が起こった同年に前年比20倍以上の拡大をした事実は，紛れもなく特産品目当て以外の日本人の心にある強い想いが詰まっていることを示している。

　ふるさと寄附金で資金調達をするのは，結果として地方自治体であるが，寄附者は税金の使い道を指定することでき，得られるものは魅力のある特産品である。今こそ自治体は再び一村一品運動を地域の産学官金民の連携により取り組み，魅力ある特産品を創り出し，日本式の購入型クラウドファンディングを大いに活用すべきである。最初は見返りとして得た特産品も，良いものであれば次はリピーターによる購入につながるだろう。

　日本においてもクラウドファンディングへの期待は高い。現状では欧米と同様のクラウドファンディングの導入と活用に注目が集まっている。しかし，クラウドファンディングの制度を根づかせるのが目的ではない。目的の1つに地方創生を挙げるのであれば，クラウドファンディングの制度を作って，集まった資金でプロジェクトを起こし，地域創生を行うためにクラウドファンディングと一村一品政策を絡め日本独自の仕組みを作ればいいのである。確かに日本式クラウドファンディングは地域を創生する可能性を秘めている。

［課題］
1. クラウドファンディングの定義のポイントを説明せよ。
2. クラウドファンディングの7分類を挙げ，それぞれの違いを言葉で説明せよ。
3. 地域の資源を見わたし，これならばふるさとに寄附をしようと思える新しいモノやサービスを考えよ。

［主要参考文献］
1. イギリス・クラウドファンディング協会（UK Crowdfunding Association）ホームページ（http://www.ukcfa.org.uk/）。
2. 出縄良人（2003）『グリーンシート──直接金融市場革命──』文芸社。

3. 金融庁「金融商品取引法等の一部を改正する法律（平成26年法律第44号）に係る説明資料」2014年5月。
4. Anipipop!ホームページ（http://anipipop.com/what-is-crowdfunding/）。
5. 内閣府ホームページ（http://www5.cao.go.jp/j-j/wp/wp-je08/08f25030.html）。
6. 総務省ホームページ（http://www.soumu.go.jp/main_sosiki/jichi_zeisei/czaisei/czaisei_seido/080430_2_kojin.html）。
7. 加藤慶一（2010）「ふるさと納税の現状と課題──九州における現地調査を踏まえて──」『レファレンス平成22年2月号』国立国会図書館調査および立法考査局。
8. 日本証券業協会ホームページ（http://www.jsda.or.jp/shiraberu/greensheet/toukei/issue.html）。
9. 内閣府NPOホームページ（https://www.npo-homepage.go.jp/kifu/kifu_sirou.html）。

第5章 知財とイノベーション
――知財学習からソーシャル・イノベーション思考を養成する

> 知財の創出から発展までの一連のプロセスにおいて，イノベーションを創出するために必要な創造的な思考方法が用いられてきた。知財から読み取れるこのような思考法は，知識基盤社会において個々のキャリアを構築していくための重要な武器になる。
>
> 本章では，産業技術分野の知財に着目し，知財を生み出した思考方法を紹介する。それらがソーシャル・イノベーション創出に活用できるかどうかを考察し，アントレプレナーシップを目指したキャリアデザインにおける知財学習の位置づけを述べる。

1 知財教育とアントレプレナーシップ

まず，知的財産基本法の第2条に基づき，「知的財産」の定義を説明する。知的財産とは，人間の創造的活動によって生み出されるもの（発明，考案，植物の新品種，意匠，著作物等）を指す。この中には，新たに発見・解明された自然法則・現象で，産業に利用できる可能性のあるものも含まれる。さらに事業活動において，商品・役務を表示するもの（商標や商号など）や，有用な技術・営業上の情報（営業秘密など）も知的財産となる。

従来の知財（知的財産）教育は，産業財産権・著作権・実用新案権・商標権・意匠権といった知財の概念と法制度に基づくそれらの運用のあり方を教えるというものであった[1]。これは既存の社会システムを知るという意味でもちろん重

---
1) 日本知財学会知財教育分科会編集委員会（2013）において教育実践例が紹介されている。

要である。一方，ソーシャル・イノベーション創出とは，既存の社会システムをより良い方向に変革することである。そのためには柔軟かつ大胆な思考が必要であり，わが国においても「知識の進展は旧来のパラダイムの転換を伴うことが多く，幅広い知識と柔軟な思考力に基づく判断が一層重要になる」と指摘されている[2]。この"柔軟な思考"とは，例えば，逆転の発想や視点の切り替えなどであり，産業技術が発明された際に用いられてきた。その分野の知財を学習することで，創造的な思考法を読み取り，自分自身の技術として使いこなし，さらにはソーシャル・イノベーションの着想を生み出すところまで応用できないだろうか。

本章では，キャリア・アントレプレナーシップ養成のための知財教育というものを独自に位置づけ，その目的を「知財を通じてソーシャル・イノベーションにつながる思考法（イノベーション思考）を養うこと」とした。キャリアの中で培われた自分独自の思考法が，地域にイノベーションをもたらす大きな原動力となるはずである。

② 知財からソーシャル・イノベーションにつながる思考法

2-1 ライフサイクルから見る様々な知財

資源の採取から製品の製造・流通・販売・消費・使用済み製品の中間処理・最終処分までのシステムにおいて，各セクターに知財が存在する。どのセクターに着目し，どのような知財を教材として取り上げ，そこからどういったイノベーション思考を学ぶのか，多様な選択肢がある。本章では，製品の製造，最終処分，リサイクルについて産業技術分野の知財を取り上げる。ここから，イノベーション思考を読み取っていきたい。

2-2 製品の製造──燃料電池の例

初めに分かりやすい例として，燃料電池を挙げる。これは水素と酸素を反応させて水を生成する際，発生するエネルギーを電気として取り出そうというもので，ガソリンに代わる自動車のエネルギー源として期待されている。燃料電

---

2) 文部科学省（2008）p. 8.

図表5-1　ライフサイクルにおける知財

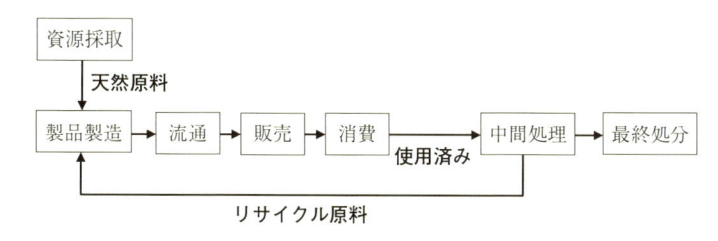

図表5-2　埋立地概念の変化

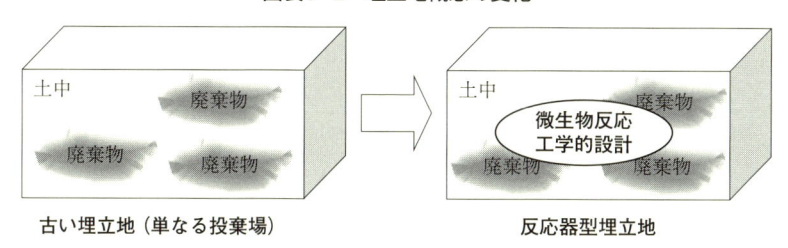

古い埋立地（単なる投棄場）　　　反応器型埋立地

池の反応は，水の電気分解のそれとは逆である。電気エネルギーを与えることで，水を水素と酸素に分解するというのが電気分解であり，燃料電池はこれと逆の発想になる。

2-3　最終処分──廃棄物の埋立地

　昔の埋立処分とは，窪地や湿地に廃棄物を投棄するというものだった。当然，悪臭や害虫の発生，埋立地内からの汚水の発生といった問題が生じ，徐々にそれらの対策が取られてきた。その中で，埋立地を「単なるゴミ捨て場ではなく，微生物反応が起きる反応器だ」という概念が生まれた。[3] 土の中には様々な微生物が存在し，それらが廃棄物の中の有機物を分解するからである。そこで埋立地内の反応を工学的に制御する"反応器型埋立地"が1970年頃から始まり，現在では広く普及している。これは「対象を別のものに見立てる」という視点の切り替えといえる。単なる廃棄物の投棄場から，微生物反応器へと埋立地の見方を変えたのである。これに関する特許出願もあるので見てみるとよい。[4]

---

3)　田中（2000）pp. 4-5。
4)　特許電子図書館において特許明細書が公開されている。

図表5-3　ジグ選別によるプラスチックの選別

比重の違うプラスチックを分ける技術

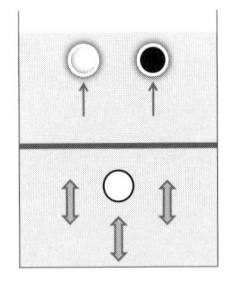

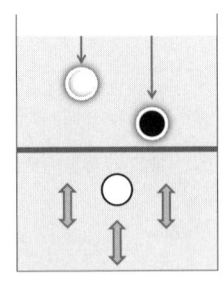

液を上下に脈動させる　　比重の違いで落ちる速さが違う　　プラスチックを分離

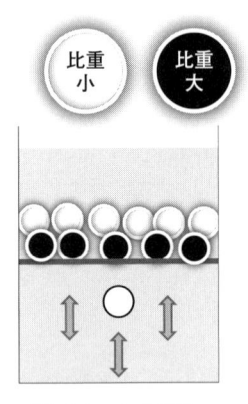

2-4　リサイクル──プラスチックの選別技術

　プラスチック製品が使用済みとなった際，製品中のプラスチックをリサイクルするためには，種類の異なる複数のプラスチックを分ける必要がある。その技術の1つに，ジグ選別というものがある。これは比重の違いによってプラスチックを分けようというものである。例えば，比重の異なる2種類のプラスチックを水中に投入する（話を簡単にするため，プラスチックのサイズ・形状はどれも同じとする）。この状態で，水槽内の水を上下に脈動させると，浮き上がったプラスチックのうち，比重の大きいものの方が速く落下する。そうして液の脈動を繰り返していくと，最終的には高比重のプラスチックは底部に，低比重のプラスチックは上部に堆積し，両者の分離がなされる。
　さて，ここからが本題である。このプラスチックのジグ選別において，次のような課題が生じた。
　「比重が同じで，種類の異なるプラスチックを分けたい」。
　比重の違いを利用するのがジグ選別なので，そのままでは同比重のプラスチックを分けることはできない。そこで，ある研究グループが次のようなことを考えた。[5]
　「比重差がないのなら，それを人為的に生み出してやればいい」。

図表5-4 ジグ選別による同比重プラスチックの選別

比重が同じで
種類の違うプラスチックを分けよう

同じ比重　同じ比重

一方の比重を小さくしてやればいい
「片方に気泡をくっつけよう」

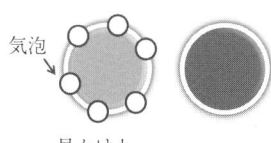

気泡

見かけ上
比重が小さくなる

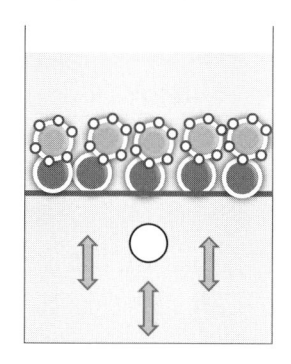

　具体的には，片方の種類のプラスチックにだけ，その表面に気泡を付着させようというもの。そうすると，気泡のついたプラスチックは見かけ上，比重が小さくなるので，気泡の付着していないプラスチックとの間に比重差が生まれる。この状態でジグ選別を行うと，種類の異なるプラスチックを分けることができる。これは「対象の一部を変えることで，全体の状況をも変えてしまおう」という考え方である。すなわち，プラスチックの表面に気泡を付着させ（対象の一部を変える），種類の異なるプラスチックの比重差を生み出す（全体の状況を変える）ということである。これに関する特許も確認しておくとよい。[6]

2-5　知財の思考法を学ぶツール "TRIZ"

　前項まで，産業技術分野の知財から，いくつかの思考法を読み取ってきた。このような思考法は，TRIZ（therory of inventive problem solving（TIPS）のロシア語略）という発明手法に体系的に整理されている。これはゲンリッヒ・アルシュトラー（Genrich Altshuller）というロシアの特許審査官が創設したもので，

---

5) Kunihiro Hori, Masami Tsunekawa, Masatsune Ueda, Naoki Hiroyoshi, Mayumi Ito, Hideaki Okada (2009) pp. 2844-2847。
6) 特許電子図書館において特許明細書が公開されている。

世界中の特許の分析に基づいて開発された効率的な発明の手法である。このTRIZの中には40個の発明原理がまとめられている(**図表5-5**)。例えば,「逆発想の原理」や「局所的性質の原理」というものがあり,それらは先に述べた「逆転の発想」や「対象の一部を変えることで,全体の状況をも変える」という考え方に通じる。TRIZは思考法習得のツールとして活用することができるのである。**図表5-5**では,原理の内容や応用例を敢えて記載していない。どのような内容なのかを予想した上で,TRIZについて詳しく書かれた本を基に,その内容を調べてほしい。

③ 知財からソーシャル・イノベーション思考を養成

3-1 ソーシャル・イノベーション事例との比較による考察

　前節では,ライフサイクルにおける産業技術分野の知財を紹介した。そこで用いられている思考法を,技術開発だけにとどめず,ソーシャル・イノベーション創出に活用することはできるのだろうか。この点を考察するため,ソーシャル・イノベーションの事例として第3章でも述べた,グラミン銀行のマイクロファイナンスをもう一度取り上げる。マイクロファイナンスを生み出した思考法と,前節で述べた知財の思考法とを比べてみよう。

　マイクロファイナンスは,貧しい人にお金を貸し,それによって彼らにビジネスをさせ,貧困から抜け出せるよう支援するというものだった。これは銀行業というものを,貧困支援活動に見立てたのではないか(視点の切り替え)。また,グラミン銀行の事業システムは,次のように従来の銀行のそれとは逆である(逆転の発想)。

- 従来の銀行の顧客は富裕層であるのに対し,グラミン銀行は貧困層が顧客。
- 従来は高額取引であるのに対し,グラミン銀行は少額取引を行う。
- 通常,銀行は担保を取るが,グラミン銀行は担保を取らない。

　そして,グラミン銀行の融資制度は,顧客5人で1組のグループを組ませ,1人ずつ順番に融資するというもので,1人の返済が完了しないと次の顧客への融資が行われないシステムとなっている。それによって仲間の顧客に対する責任感を生み出し,返済意欲を向上させることを意図している。つまり,対象の

図表5-5　TRIZの発明原理

発明原理	原理の内容を予想してみよう	応用例を当ててみよう
分割の原理		
分離の原理		
局所性質の原理		
非対称の原理		
組み合わせの原理		
汎用性の原理		
入れ子の原理		
つりあいの原理		
先取り反作用の原理		
先取り作用の原理		
事前保護の原理		
等ポテンシャルの原理		
逆発想の原理		
局面の原理		
ダイナミック性の原理		
アバウトの原理		
他次元移行の原理		
機械的振動利用の原理		
周期的作用の原理		
連続性の原理		
高速実行の原理		
災い転じて福となすの原理		
フィードバックの原理		
仲介の原理		
セルフサービスの原理		
代替の原理		
高価な長寿命より安価な短寿命の原理		
機械的システム代替の原理		
流体利用の原理		
薄膜利用の原理		
多孔質利用の原理		
変色利用の原理		
均質性の原理		
排除，再生の原理		
パラメータ利用の原理		
相変化の原理		
熱膨張の原理		
高濃度酸素利用の原理		
不活性雰囲気利用の原理		
複合材料の原理		

一部を変える（融資する顧客にグループを組ませる）ことで，全体の状況を変えている（顧客全体の返済意欲を向上させる）のである。このように第2節で述べた知財を生み出す思考法というものは，技術開発を行うためだけのものではなく，ソーシャル・イノベーション創出にも活用されている。

3-2　ソーシャル・イノベーションを目指した思考の修練

　技術開発のみならず，ソーシャル・イノベーションを創出できるレベルにまで思考を磨くためにはどのようにすればよいのだろうか。図表5-1のライフサイクルを基に考えよう。技術開発は各セクターにおける技術的課題に取り組むものである。一方，ソーシャル・イノベーションを創出するためには，複数のセクターをまたぐシステムとしてライフサイクルを俯瞰し，社会的な課題を考察することが重要なのではないか（図表5-6）。そして課題を解決するため，どのようにシステムを変革すればいいのか，その考案に知財の思考法を応用するのである。先の述べたグラミン銀行に関する考察を参考にして，ソーシャル・イノベーションのための思考の修練を行うとよい（図表5-7）。

4　キャリアデザインにおける知財――思考の養成からイノベーションの創出

　知財からイノベーション思考を身につけ，実際にイノベーションを創出するためには，キャリアデザインにおいても知財を意識することが大切である。図表5-8にアントレプレナーシップを目指したキャリアデザインの例を挙げ，その中での知財の位置づけを考察する。学生から社会人へと続く一連のキャリアにおいて，アントレプレナーシップを養成して，ソーシャル・イノベーションをもたらすことが本書の狙いである。その中で，本章で提案する知財教育は，イノベーション思考の養成を目的としたものだった。これに対して，従来の知財教育は，現行の知財制度とその運用法を学ぶもので，前出のイノベーション思考によって生まれたアイデアを実現するための戦略ツールとなる。実際にイノベーションを創出するためには，双方が重要になる。特に産業技術分野の知財からイノベーション思考を身につけることで，知財制度そのものの理解にもつながるだろう。これらを書籍や座学などから得るのも大事だが，実践を通じ

図表5-6　ソーシャル・イノベーション思考のための課題の捉え方

【産業技術における発明】

【ソーシャル・イノベーション】

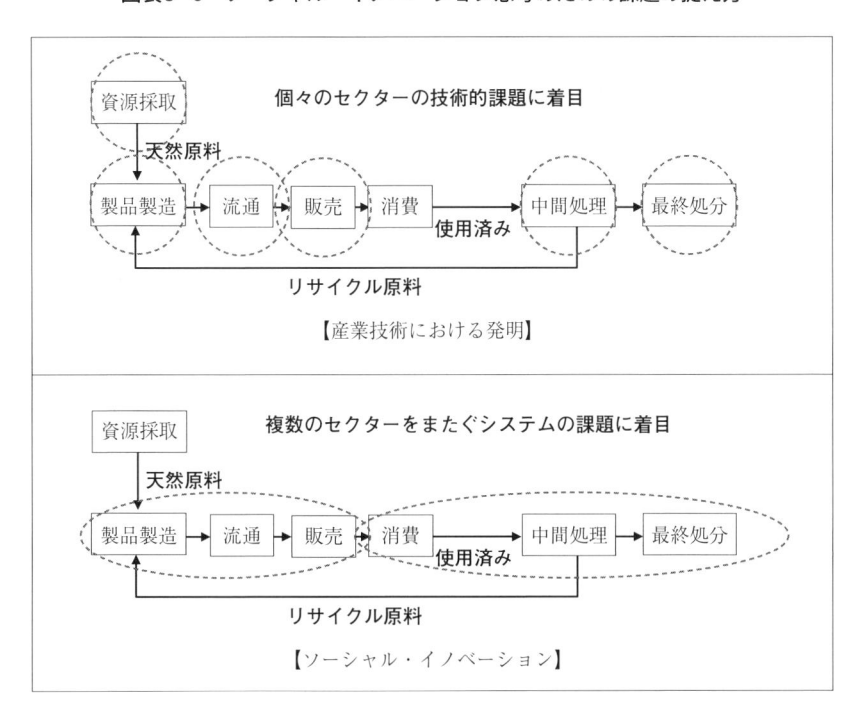

図表5-7　社会問題を考察するためのワークシート

社会問題	知財から得た思考法	問題解決のヒント
例：途上国の貧困	例：視点の切り替え	例：銀行業を，貧困支援業と見る
システムをどう変えるのか図にしてみよう（例：グラミン銀行は，顧客をグループにした）		

第5章　知財とイノベーション　73

図表5-8　キャリアデザインと知財

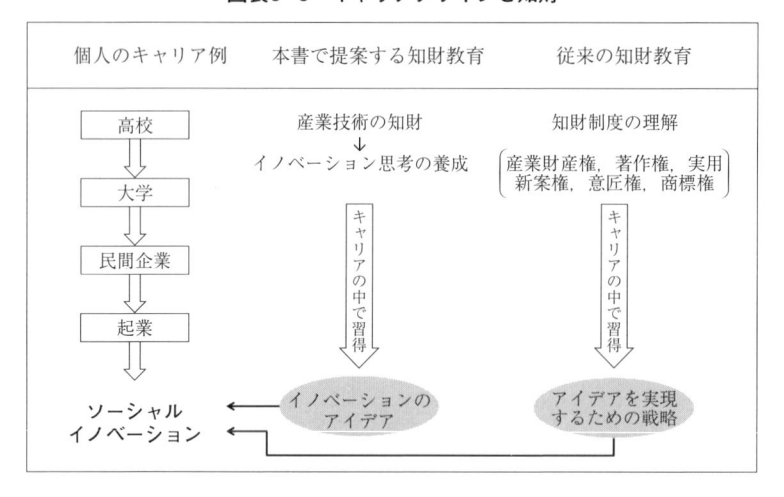

個人のキャリア例	本書で提案する知財教育	従来の知財教育

```
高校
 ↓
大学
 ↓
民間企業
 ↓
起業
 ↓
ソーシャル
イノベーション
```

産業技術の知財
　↓
イノベーション思考の養成

知財制度の理解
（産業財産権，著作権，実用新案権，意匠権，商標権）

キャリアの中で習得 → イノベーションのアイデア
キャリアの中で習得 → アイデアを実現するための戦略

［コラム］イノベーションに向けた地域システムの再構築──福井県の事例

　地域にイノベーションをもたらすために，わが国でも地域のシステムを変えていこうという動きがある。例えば，文部科学省の「地域イノベーション戦略支援プログラム」[7]による支援のもと，様々な地域において，大学・地元企業・公的機関が連携したイノベーション創出のための研究開発システムが構築されている。ここでは福井県の「ふくいエネルギーデバイス開発地域」[8]について紹介する。

　上記プログラムの目的は，次世代のエネルギーデバイスを創生し，地域にイノベーションをもたらすことである。地域のものづくり技術と福井大学の最先端研究・分析技術を融合させ，大学を中心としたリチウムイオン二次電池などの技術開発が産学官連携で行われている。注目すべきは，これまで教育と研究の場であった大学を"研究機能・産業が高度に集積されたエリア"とした点にある（視点の切り替え）。そのため，大学には，エネルギーデバイス関連の研究者が集積され，地元企業の技術者と協力して大学内で研究開発を行うエリアが完備された。研究者・技術者育成のためのプログラムを実施し，

---

7) 文部科学省ホームページにおいて詳細な事業内容が記載されている。
8) 福井大学（2012）『福井大学産学官連携本部年報vol. 6』において実績が報告されている。

大学のシーズと企業のニーズをマッチングさせることによって研究開発のプランを蓄積し，最先端の研究設備を多数集積することで製品開発が促進される。このような研究開発システムを大学内に構築することによって，多数の成果が生まれている。そのごく一部を以下に紹介する。

● 新技術開発

　スマートエネルギーデバイス製造工具の原料である機能性ダイヤモンド粒子の新規合成技術を開発。特許出願，国際ジャーナルへの論文発表を行い，共同研究先のK社が実用化に向けたスケールアップ実験を実施中。

● 試作品開発

　Y社との共同による試作品開発の実践講座において，大学生・大学院生，若手研究者・技術者が協力し，小水力発電機を試作。実用化を検討中。

● 分析手法の考案

　N社と共同で，高精度でラマン分析を行う手法を考案。日本分析化学会のアナリティカルレポートとして発表。

● コンサルティング

　福井県内の地域企業に対して，大学による技術相談を実施。電池材料，繊維製品，金属材料，廃棄物に対する表面観察，異物分析，化学結合状態の評価などを行っている。

　教育と研究の場であった大学を"研究機能・産業が高度に集積されたエリア"と見方を変え，新システムを構築することで上記のような成果が実際に生まれたのである。これによって地域にイノベーションをもたらそうとしている。

て知財に触れることも重要である（例えば，企業の研究開発現場で実践的な経験を積むなど）。そういった知財に関する実践経験は，キャリアによって異なり，それが自分自身のイノベーション思考にも影響を及ぼす。そのため，キャリアデザインにおいて，どのような知財に触れるのかを考えておくとよい。

　キャリア・アントレプレナーシップが目指す社会を実現するためには，ソーシャル・イノベーション思考が必要であり，それは知財学習によって養成することができる。

[課題]

1. **図表5-1**のライフサイクルにおいて，いずれかのセクターを選択し，そこで活用されている知財を挙げよ（第2節で紹介したもの以外）。さらに，その知財が生み出された際の特徴的な思考方法とは何か考察せよ。
2. TRIZの発明原理として紹介した「先取り作用の原理」，「入れ子の原理」，「ダイナミック性の原理」（**図表5-5**）について，それぞれの内容を説明せよ。
3. 現在，起こっている社会問題を取り上げ，その課題を述べよ。さらの知財の思考法（本章で紹介したもの，あるいは自身で調べたもの）を活用して，課題の解決案を考えよ。これらを**図表5-7**に記入せよ。
4. 第9章「男女共同参画社会におけるキャリアデザイン――ソーシャル・イノベーションをもたらす能力を高める」の課題4において，自らのキャリアパスを考えてもらう。それに関連して，自身がどのような知財に触れることになるのか，考えよ。

[主要参考文献]

1. 日本知財学会知財教育分科会編集委員会（2013）「知財教育の実践と理論――小・中・高・大での知財教育の展開」。
2. 文部科学省（2008）「幼稚園，小学校，中学校，高等学校及び特別支援学校の学習指導要領等の改善について（平成20年1月17日中央教育審議会答申）」。
3. 田中信壽（2000）「環境安全な廃棄物埋立処分場の建設と管理」。
4. 樋口壯太郎：廃棄物処分方法及び廃棄物処分設備，特願2011-239294，特開2013-94724。
5. Kunihiro Hori, Masami Tsunekawa, Masatsune Ueda, Naoki Hiroyoshi, Mayumi Ito and Hideaki Okada (2009) Development of a New Gravity Separator for Plastics ― a Hybrid-Jig ― , *Materials Transactions* 50, pp. 2844-2847.
6. 伊藤正澄・恒川昌美・広吉直樹・伊藤真由美・堀邦紘・上田将経：選択湿式比重選別機，特願2005-174223，特開2006-320882。
7. 文部科学省ホームページ「地域イノベーション戦略支援プログラム」。
8. 福井大学（2012）「福井大学産学官連携本部年報」vol.6。

第6章 社会起業とキャリア

――自分と地域社会を元気にする

　本章では，社会的企業を通じて自己実現・付加価値の創造・社会課題解決の実現を目指す，社会起業家（ソーシャル・アントレプレナー）の実態とその魅力について考察する。

　社会的企業[1]は，営利企業の事業性と，非営利事業や公共セクターの公益性の両方を併せ持ち，それぞれの組織や事業で指摘されていた社会課題に対する限界をブレイクスルーする存在と期待されている。このような背景の中で，社会起業家は社会的企業の単なる一主体ではなく，個と社会をつないで社会的イノベーションをリードする存在として，社会的意義と職業的魅力に満ちた存在である。

　そこで，本章ではまず社会的企業の仕組みや意義について整理し，その上でキャリア・アントレプレナーシップの視点からキャリアとしての社会起業について考える。

1　社会課題解決に向けたビジネスが注目される背景

1-1　増大する社会課題

　日本における社会課題は，20世紀においては環境や人権問題などが中心で

---

[1] 社会的企業（ソーシャル・エンタープライズ）の定義は必ずしも明確ではないが，少なくとも事業体の1つである。これに対して社会的企業が行う事業（ソーシャル・ビジネス）もまた「社会的企業と呼ばれている。つまり，事業としての社会的企業（ソーシャル・ビジネス）と，事業主体としての社会的企業（ソーシャル・エンタープライズ）の両方の意味がある。こうした実態から，本章では「社会的企業」を事業主体と位置づけ，実際の事業としての社会的企業は便宜上「ソーシャル・ビジネス」と呼ぶ。

あった。21世紀の今日では，格差拡大による貧困と地場産業の衰退など経済的課題，また少子高齢化や食の安全，そして医療や社会保障の問題など人間生活に関する問題まで，社会課題は増大かつ深刻化の一途を辿っている。他方で世界に目をやれば，グローバル化による経済格差の拡大と貧困の問題や国家間の軋轢の増加が挙げられ，先進国にあっても地域格差やコミュニティの弱体化などの社会課題が噴出している。こうした社会課題はいわば自由主義経済の副作用であり，社会がグローバル化すればするほどむしろ事態は深刻化し，自由な経済活動だけでは問題が解決できないところにその難しさがある。

1-2 社会的企業（ソーシャル・ビジネス）への注目

ビジネスにおいて経済的成功と社会への貢献が同時に求められるこの時代に，新しいビジネスのあり方としてソーシャル・ビジネスが注目されている。ソーシャル・ビジネスとは，営利事業を通じて社会課題の解決を目指すビジネスであり，ソーシャル・ビジネスの先進国であるイギリスでは，2006年時点で約80万人の雇用と約5兆円（270億ポンド，1ポンド186.8円換算）の市場規模を有するといわれている。[2] わが国でも少子高齢化が加速して地域社会の諸課題が噴出する中で，ソーシャル・ビジネスが注目されつつある。その理由として，企業による営利事業や社会貢献のためのCSR（Corporate Social Responsibility）活動，そして公共セクターによる公共事業など，既存の取り組みでは，山積する社会課題を解決することが難しいという背景がある。

現在，わが国における社会的企業の市場は，およそ2400億円程度にとどまっている。その中で，少子高齢化で縮小再生産が進む地域の再生に向けた付加価値の創造と共有，それに向けた協働的で社会的な革新，すなわちソーシャル・イノベーション（social innovation）を生み出す新たなプレイヤーの1つとして，ソーシャル・ビジネスを行う社会的企業への期待が高まっている。中でも，そうしたソーシャル・イノベーションをリードする存在として期待されているのが社会企業家である。社会起業家とは，協働的な価値創造に向けたイノベーションと社会課題解決という，これまでの起業家にとって動機づけに乏しかったソーシャル・ビジネスを，起業による自己実現という強力なモチベーシ

---

2) 鈴木（2009）p. 2．

ョンによって切り拓く存在である。

❷ 社会的企業の諸相と実像──非営利型と営利事業型の比較

2-1 社会的企業の類型

　社会的企業のあり方は国や地域の事情によって異なるが，その特徴は，①社会的なミッションに起因する「社会性(本章では公益性と地域性と定義)」，②継続的な営利を目的とする営利企業に代表される「事業性」，③社会と組織にイノベーションをもたらす「革新性」の3点を基準に大まかに類型化することができる(図表6-1)。

　社会的企業は，社会課題解決という公益的なミッションを持つことが条件だが，基本的には営利事業を行うことから，営利企業におけるCSR活動などのボランタリーな事業はそれに含まれない。社会的企業の主な主体は，NPO法人(Nonprofit Organization，以下「NPO」とする)と営利事業を行う営利企業である。このうちNPOは本来公益目的の非営利の組織であるが，営利事業が禁じられているわけではなく，NPOなどサードセクターによる営利事業が社会的企業の中心をなしていると一般には考えられている。[3]

　そうした中で近年，社会的企業を志向する営利企業の新たな潮流として「CSV(Creating Shared Value　共通価値の創出)」の概念が注目されている。CSVとは，ソーシャル・イノベーションを起こすことで，それまでの価値創造を超えた共通価値の創造を図り，社会課題解決と経営革新の持続的実現に向けたアプローチ，あるいは戦略のことである。[4] この概念は，個別的とされてきたアメリカ型の事業性重視の社会的企業に，関連主体との関係性や地域性の視点を加える点で進歩的である。またNPOなどが行う公益性重視の社会的企業に応用して，価値創造とイノベーションという概念を持ち込むことで，これまで不安

---

[3]　国内では，経済産業省が2008年に行った事業者アンケートでは，NPO法人が46.7%と，最も多い割合を占めている。データについては経済産業省「ソーシャルビジネス研究会報告書」(2008) p. 34を参照。海外，特にEUでは，非営利組織を広く捉えたサードセクターが社会的企業の主な担い手と考えられている。海外の社会的企業のあり方については山本隆 (2014) pp. 20-25を参照。

[4]　CSVの一般的定義については藤井 (2014) pp. 26-32を，その具体的枠組みについては同書pp. 58-60を参照。

図表6-1　社会的企業の類型[5]

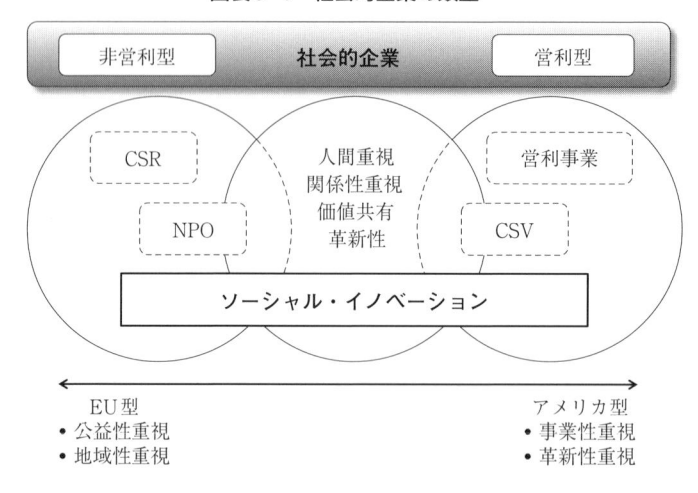

```
          非営利型        社会的企業        営利型

              CSR      人間重視      営利事業
                       関係性重視
              NPO      価値共有      CSV
                       革新性

              ソーシャル・イノベーション

    ←                                              →
    EU型                                       アメリカ型
    ・公益性重視                                ・事業性重視
    ・地域性重視                                ・革新性重視
```

定といわれてきた社会的企業の継続性を高めることも期待できる。

　以上のように，本節では今日の社会的企業の諸相について概括した。次項では少子高齢化で耕作放棄が進む中山間地域の棚田保全活動を例に，非営利型と営利型，それぞれの社会的企業の実態を見ていくことにする。

2-2　非営利型社会的企業によるアプローチ

　わが国のNPOの多くは財源に乏しく，社会的インパクトを持って持続的に社会課題解決に取り組むことが難しいという構造的課題を抱えている。その中で，近年はボランタリーな活動の枠を超えて，競争的助成金の獲得や事業収益の獲得を重視することで，社会課題の解決に向けて継続的な活動を行うアメリカ型の社会的企業が増加している。その1つが，NPO法人大山千枚田保存会（以下，大山千枚田保存会と呼ぶ）である。大山千枚田保存会は，棚田保全活動を棚田オーナー制度などの形で事業化することで，中山間地域の棚田保全という地域的社会課題の解決に取り組んでいる。

---

5)　前掲，経済産業省（2008）p. 3および山本（2014）pp. 20-25を参考に筆者作成。

[コラム] 非営利組織，サードセクターとは

　非営利組織とは「営利を主目的にしない民間の組織」のことである[6]。海外ではこうした存在は広義で「サードセクター」と呼ばれ，これは営利企業のような営利組織でもなく，また行政機関のような非営利の公的組織でもない，3つ目のセクターとして捉えられている。このうちサードセクターではあるが，非営利組織ではないと考えられているのが，共通の（公益とは限らない）目的のために行動する協同組合や市民団体などである。その1つの例が農家たる組合員の利益のために活動を行う農業協同組合であり，広く知られるところでは果物の飲料で有名なサンキストが挙げられる。海外に比べてわが国の非営利組織の歴史は浅く，知名度の高い非営利組織はまだまだ少ない。その中で近年，注目を集めているのがビッグイシューである。ビッグイシューはホームレスの救済と自立支援のためのイギリス発の雑誌，およびその販売システムである。その日本法人では，事業性に力点を置くためにNPOではなく有限会社の形態を選択しているが，有限会社ビッグイシュー日本が母体となるビッグイシュー基金についてはNPO法人の形態を採っている[7]。このように，目的に応じて様々な組織形態が選ばれるサードセクターに共通する点は，特定の社会的ミッションを持つということである。

　非営利組織はボランタリー組織とも呼ばれるが，第4章でも示された通り，日本にはそもそも寄附文化がなく，ボランティア活動頼みで財務基盤が脆弱だったり規模が零細だったりと，活動の継続性に大きな弱みを抱えている。本章ですでに述べた特定非営利活動促進法は，法人格を与えて税制など各種優遇措置を付与することでNPOがより活動しやすくするための法律であり，またソーシャル・ビジネスはNPOの持続可能な活動を事業によって支える有力な手法である。

2-3　営利型社会的企業によるアプローチ

　株式会社などに代表される営利企業は，一般に営利事業による利益追求を目的とした組織である。ところが近年，行き過ぎた営利の追求が環境問題や労働

---

6)　田尾雅夫・吉田忠彦 (2009)『非営利組織論』有斐閣。
7)　日本のビッグイシューについては三宅由佳「ビッグイシューのビジネスモデル」前掲山本 (2014) 所収pp. 153-161が詳しい。

[コラム] 地域資源の6次産業化による棚田保全活動

　千葉県鴨川市にある大山千枚田保存会は，任意団体であった保存会のNPO法人化と活動の事業化によって，持続的な棚田保存活動のモデルを構築した社会的企業の先駆けである。

　大山千枚田は「長狭米」のブランドで知られ，江戸期には天領だった千葉県旧長狭郡に位置して，棚田百選にも選ばれている。しかし他の中山間地域と同様に，後継者不足による地権者の高齢化から棚田の維持保全が困難となり，市の都市農村交流事業の補助を受けたことを契機に保存会を設立して棚田保全に取り組んでいる。保存会の事業は看板事業である棚田オーナー制度や酒づくりオーナー制度だけでなく，豊かな自然を活かした自然体験事業やカフェ営業，周辺の遊休地と綿づくり技術を持つ人的資源を活かした綿・藍トラストなど多岐にわたり，地域課題と保存会参加者のシーズ，そして都市住民のニーズをマッチさせることで多様な事業展開を実現している。つまり，大山千枚田保存会の特徴は，農業にとどまらない自然資源や人的資源などの地域資源をフル活用した6次産業化，特により高い付加価値を生む「サービス化」によって，棚田の保全という地域課題解決に持続的に取り組んでいる点にあるといえる。

　このように他のNPOに対して革新的といえる付加価値の創造と共有の仕組みを支えているのは，保存会を構成する多様な会員の存在とその協働である。利害を共有する地権者・地元住民・都市住民が，「東京から一番近い棚田」を守るという共通の価値と目的を持って，保全活動が主体的・組織的・持続的に展開されている。

問題など深刻な社会問題や社会的軋轢を引き起こし，長期的な視点で企業の利益が阻害されるケースが増加している。こうした中で環境経営やCSRなど，社会的厚生や地域など社会的関係性に配慮した事業展開で持続的な成長を目指す，営利型社会的企業によるビジネスモデルが広がりを見せている。その1つが，地場産米を使った酒づくりで棚田保全と地域経済の活性化を目指す，株式会社高鉾建設酒販事業部の取り組みである。高鉾建設酒販事業部は「いろどり」(次ページコラム参照) で知られる徳島県上勝町にあり，公共事業の先細りという経営課題と棚田保全という地域課題を酒販事業によって解決するコミュニ

［コラム］　棚田米を使った酒づくりで地域・農業・会社を元気にする

　徳島県上勝町は葉っぱビジネスの「いろどり」など，中山間地域の地域資源を活かしたコミュニティ・ビジネスの先進地として知られている。町内には棚田百選があり，ワーキングホリデーや棚田オーナー制度など都市農村交流で賑わう一方で，町のほぼすべての水田が棚田であることから，それら棚田全体の保全と農業活性化という社会課題を抱える地域である。上勝町で株式会社高鉾建設を経営する山下俊洋氏は，2010年に棚田サミットが開催された静岡県松崎町の棚田古代米を使った焼酎づくりからインスピレーションを得て，地元の棚田米にこだわった酒づくりを事業化し，構造不況に直面する建設業と農業，そして地域経済の活性化に取り組んでいる。

　高鉾建設酒販事業部は，2011年に厚労省の緊急雇用創出事業を利用して設立された。基本的に営利事業を対象としない同事業の中で，当該年度はJAなどから協力を得て156袋（4,680kg）の町内産食用米を調達し，地元の水を使用した清酒と焼酎の委託醸造を行った。原料米の集荷にあたっては，1袋あたり1000円程度のプレミアムを付加して買い取ることで，農家の生産・出荷意欲を高める仕組みを採っている。生産面では棚田米の主流を占めるうるち米[8]を用いた委託醸造（清酒は県内，焼酎は県外醸造業者）を行い，また販売面では山下氏が家業である建設業に就く前に大手飲料メーカーの営業で培ったノウハウを活かすことで，独自の酒づくりと販路開拓に力を入れている。さらに自社の建機を活用して休耕田となっていた棚田を復田し，限定醸造の吟醸酒の原料米となる酒米の直接生産を開始するなど，山下氏ら社会起業に携わった酒販部のモチベーションの高さを背景に，社会課題解決に向けて持続的にイノベーションが生み出されている点が注目される。

ティ・ビジネスとしても注目を集めている。

　このように，非営利型と営利事業型の社会的企業には組織の成り立ちに起因する特徴に違いが見られるが，事業に参加する人間性やその関係性と地域性の

---

[8]　米には主食用向けのうるち米以外に，もち米や酒づくりに適した酒造好適米（山田錦などいわゆる酒米）などが存在する。一般に清酒の醸造には酒造好適米が用いられるが，一部ではうるち米を使った酒づくりも盛んであり，地元産棚田米と馴染みの良い地元の水を醸造に使うことで，酒造好適米に劣らない品質を実現している。また，うるち米を原料にすることで原料米を広範に集荷することができ，より多くの農家，棚田の事業参加を意図している。

重視，付加価値の創造と共有や革新性を核にしたビジネスモデルなど，今日の社会的企業に求められるエッセンスを共通して持っているといえる[9]。そしてこうした社会的企業が持つバリュー・チェーンなど持続的で連鎖的なイノベーションの仕組みの多くは，社会起業家によって生み出されているのである。

❸ キャリア・アントレプレナーシップとしての社会起業

3-1 社会起業とアントレプレナーシップ

　社会起業家（ソーシャル・アントレプレナー）は起業（アントレプレナー）の1つに位置づけられ，起業を通じて社会課題解決を目指す社会的企業を牽引する存在である。起業とは本来，自己実現を目的とモチベーションの源泉として，イノベーションを強力かつ主体的に発揮する可能性を秘めているが，社会起業はキャリア形成や自己実現だけでなく，付加価値の創造と社会課題の解決を同時に実現する，価値協働のネットワークとも呼べる社会関係資本（ソーシャル・キャピタル）を生み出す点で，一般のパーソナルな起業とは一線を画す存在である。例えば前節のコラムで取り上げたように，社会的企業の展開の背景には，実際には社会起業家の強力なリーダーシップによるイノベーションの創造があったことが分かる。こうした大きな社会的インパクトを秘める社会起業家とは，キャリアとしてどのような魅力を持った存在であろうか。

　キャリア・アントレプレナーシップの視点で考えた場合，社会起業は起業の一種と捉えることができる。起業と社会的企業，そして一般的な企業（NPOを含む）との関係や接点について，目的と役割の視点から整理したものが**図表6-2**）である。それぞれの円，すなわち特徴やミッションが重複する領域は，新たな融合領域だといえる。例えば，起業と社会的企業の接点には社会起業が位置する。また，社会的企業と営利事業を目的とする一般企業が重複する領域には，前節で見たように価値創造から価値共有へと離陸するCSVの概念が位置し，CSVの普及によって両者が接する部分は拡大しているといえる。

　このように，今日の起業や企業の目的およびそのあり方を分けて考えることの意義は薄れつつあり，新たなミッションや仕組みを取り込むことで活動領域

---

9) 宮井（2013）pp. 192-201．

図表6-2　豊かな自己と社会の創造

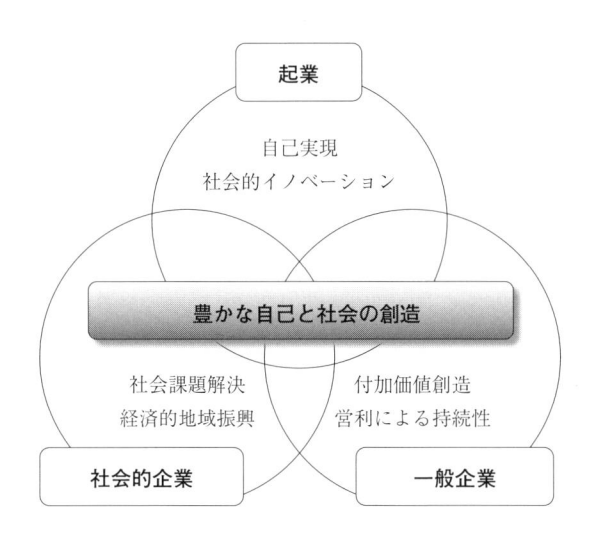

起業
自己実現
社会的イノベーション

豊かな自己と社会の創造

社会課題解決
経済的地域振興
社会的企業

付加価値創造
営利による持続性
一般企業

（すなわち市場）を拡大し，そして絶え間ないイノベーションによって新たな市場を切り拓くことが求められている。社会起業家とは，ソーシャル・イノベーションによって自己実現と社会課題解決をミッションとする存在，つまり豊かな自己と社会の創造をリードする存在である。

3-2　社会起業の方法

社会起業の意義を理解してそれを目指すなら，次は社会起業の方法が問題となるであろう。先に述べたように，社会的企業の多くはNPOであることから，社会起業の方法はNPO設立の方法論と深い関係にあると考えられている[10]。ここではコトラー，リー（2010）のソーシャル・マーケティングの原理[11]をベースに，社会起業に向けたプロセスの一例を紹介する。

---

10) NPOをベースにした社会起業のハウツウ本は枚挙に暇がないが，原典と呼べるものはP. F. ドラッカー著／上田惇生・田代正美訳（1991）『非営利組織のマネジメント』ダイヤモンド社であろう。また，山本隆「社会的企業の事業戦略」前掲山本（2014）所収pp. 45-67では，社会的企業の立ち上げから展開まで，それら関連文献の要点がまとめられている。
11) コトラー，リー（2010）pp. 76-84, 299-301。

①目的設定：「ミッション」の定義
  ● 今取り上げるべき社会的課題は何か。
  ● そこにどのような社会課題，社会的ニーズ，市場があるか。

②事業策定：ミッション達成のためのツール探し
  ● どのような経営資源（ヒト・モノ・カネ・情報）を持っているか。
  ● どのような状況に置かれているか。
     →SWOT分析から現状の「強み・弱み・機会・脅威」を把握する。[12]
  ● 参画すべき市場を決める。
     →マーケットリサーチ，マーケットセグメンテーションを行う。
  ● 市場におけるポジショニングを行う。

③事業戦略：ミッション達成に向けたアクション
  ● ターゲッティング（どんな人々にアプローチするか）
     →ドメイン・目標・ビジョン（共有価値）を設定する。
  ● マーケティングミックスの検討
     →価値創造に向けた戦略（製品・価格・広告・流通）を決定，実行する。
  ● 財源の確保と持続性の担保
     →助成金や寄附の活用，併せて持続性のある組織や事業形態について検討する。
  ●「仕組み」づくり
     →ビジネスモデルを構築して再現性を高め，効果を押し上げる。

④評価・改善：PDCAサイクルの構築
  ● 内部評価だけでなく，支援組織など外部評価を活用する。
  ●「仕組み」と組織を改善し，持続的にイノベーションを生み出す体制を構築する。

---

12) SWOT分析については石井淳蔵ほか（2004）『ゼミナール　マーケティング入門』p. 41を参照。

このように，社会起業の方法においては単なる花形事業づくりではなく，事業創造を支える仕組みづくりが重要だといえる。その中で社会起業の成功には1つにミッション・価値・ビジョンの共有，2つに持続可能性のあるビジネスモデルの構築が重要だと考えられる。

［インタビュー］　地域社会のために，働く人のために，成し遂げたいものとは

(株式会社ネオビエント代表取締役社長) 藍原理津子さん

　株式会社ネオビエントは，「あすたむらんど徳島」や「渦の道」など徳島県を代表する公共施設や観光施設の指定管理，地域情報サイト「まいぷれ徳島」の運営，そしてこれらの経営資源を活かしたイベントの企画運営を行う地域志向型の企業である。徳島県は出身地別人口10万人あたり社長数で全国10位，女性社長比率が全国1位の起業家輩出県である。[13] ネオビエント代表取締役の藍原理津子氏はその「阿波商人(あわあきんど)」を代表する1人である。藍原氏は創業に参加した出資者3人の1人であったが，当時社長になることは考えられなかったという。今2代目代表取締役となって「成し遂げたいもの」について，藍原氏にインタビューを行った。

　「20年前，自分が社長をしているとは想像できませんでした。20代の頃は教員志望だったのですが，何となくOLをしたり塾講師をしたりと職を転々としていました。このままではいけないと，30歳目前で一念発起して就活して，施設など立ち上げスタッフのマネジメントを受託するディレクターとして，ちょっと遅い「バリキャリ」を目指して仕事をがんばりました。30代を振り返って，そこで初めて仕事にやりがいを感じたと思います。愛・地球博のパビリオン立ち上げなど，全国の仕事場を転々とする生活の中で，当時担当の1つだった徳島県内の公共施設が指定管理者制度を導入することになり，当時クライアントだった方々と共同創業して受注しようということになりました」。

　藍原氏に起業までの経緯を振り返ってもらった。30代までは目の前の仕事をこなすことに追われ，自身は企業内での事業の管理者(ディレクター)という認識であったという。起業家として経営者として，事業を通じて社会貢献を意識するようになったきっかけについて質問した。

　「初年度は売上もなく，企画・運営を担当するディレクター感覚のままで，

---

13) 出身地別人口10万人あたり社長数は2013年，女性社長比率は2011年，ともに帝国データバンク調べによる。

経営者という認識はありませんでした。幸い3つの施設の指定管理を受注できましたが、そうした中で先代社長が病気で亡くなられて急遽社長になりました。縁あって徳島に戻って、縁あって起業に参加して、縁あって社長になって、でも（会社を）生んだ以上は社会貢献する責任があると思いました」。

起業してなぜ、社会貢献の重要性を感じたのか。起業の魅力と社会的企業との関係について伺った。

「社長に就いて、徳島県中小企業家同友会に参加しました。メインにしている指定管理の受任事業を継続して獲得するため、そこで初めて経営理念と社会的責任の重要さを自覚しました。会社経営と事業を通じて、地域や会社、すべての人に豊かに幸せになってほしい、そう思って経営理念や行動理念などあらためて会社の仕組みを整備しました。社長になって振り返れば頼られてやりがいを感じる、一生懸命仕事ができる、自分を知ることができたと思います」。

社長就任後も一生懸命に働くことで自分を知り、社会や社員とのつながりを知り、そして社会全体を豊かにするというビジョンが明確になった藍原氏。最後に社長業の支えとなった存在、そして気づきについて伺った。

「同じ（経営）理念のもとでも、それに至る考えが違う人もいます。結婚して家族とはまた違う人と生活してすべて半々、同じ位置で支えられています。（独身だった）30代と違うのは、考えの違う人を受け入れられるようになったこと、それが仕事でも活きていると思います。仕事ではお互い納得いくまで、徹底的に話し合うようにしています」。

［課題］

1. あなたが関心を持っている社会課題を1つ挙げて、その社会的背景や構造について説明しなさい。
2. その社会課題解決に利用可能なシーズ（技術やノウハウ）やリソース（経営資源や強み）、周辺環境について、SWOT分析を使って整理しなさい。
3. 2で挙げたシーズやリソースを元に、具体的なビジネスモデル（価値共有・創造の仕組み）を考えなさい。
4. そのビジネスモデルが評価、継続される条件について考えなさい。

[主要参考文献]
1. 鈴木正明（2009）「英国のソーシャルエンタープライズ」『日本政策金融公庫論集第3号』日本政策金融公庫。
2. 羽生正宗（2008）『社会的課題への取組み　社会企業NPO法人』財団法人大蔵財務協会。
3. 藤井剛（2014）『CSV時代のイノベーション戦略』ファーストプレス。
4. フィリップ・コトラー，ナンシー・R・リー／塚本一郎監訳（2010）『ソーシャル・マーケティング──貧困に克つ7つの視点と10の戦略的取り組み』東洋経済新報社。
5. 宮井浩志（2013）「棚田保全に向けた六次産業化の実践──千葉県鴨川市大山千枚田──」高橋信正編著『「農」の付加価値を高める六次産業化の実践』筑波書房。
6. 山本隆編（2014）『社会的企業論』法律文化社。

第Ⅲ部

これからの社会を変革する女性の
アントレプレナーシップ

第7章 アントレプレナーシップとキャリア

——アントレプレナーシップが社会を変える

　ビジネスを始めること（起業）やそのような気持ち（アントレプレナーシップ）の養成は，現代社会において特に必要とされている。最近の日本では特に女性による経済の活性化に注目が集まりつつある。

　この章では本書の「キャリア・アントレプレナーシップ」というタイトルの一部にもなっているアントレプレナーシップという言葉と，その養成の必要性について説明し，現代の日本社会において，男性だけではなくなぜ女性に注目が集まりその活躍が必要なのか，また女性がビジネスを行うことについてどのような見方や考察があるのかを説明する。

1 アントレプレナーシップ（Entrepreneurship）

1-1 創造的破壊による現代社会の形成と発展

　「創造」とは新しいものをつくり出すこと，「破壊」は壊すことであり，この2つの言葉は相反するように思える。この言葉を唱えたのはオーストリアの経済学者ヨーゼフ・アーロイス・シュンペーター（Joseph Alois Schumpeter）である。シュンペーターの主張によると，今の産業社会はビジネスを始めた人々（起業家）によってつくられたとしている。つまり起業家が行うイノベーション（革新）が経済を成長させるという主張である。そのイノベーションとは，古く効率の悪いものや時代に合わないものが，新しく効率的で時代に合ったものに取って代わることである。

　例として携帯電話を挙げる。30年前には携帯電話は普及していなかった。

図表7-1　創造的破壊の一例（携帯電話）

比較項目	固定電話	携帯電話
（例）外　見	大きい	小さい
（例）利便性	配線が必要	配線は不要

　当時は各家庭に固定電話が置かれ，離れた場所にいる人物とリアルタイムで連絡を取るには，相手も電話の置かれた場所にいなければ話すことができなかった。
　ここで固定電話と携帯電話を比較してみる。どのような点が固定電話の効率の悪い部分（時代に合わなくなった部分）で，どのような点が携帯電話の新しく効率的な部分（時代に合った部分）であろうか。読者が自ら比較項目を挙げ，表を埋めることで，携帯電話が固定電話に取って代わった創造的破壊の理由が分かるであろう。
　創造的破壊の要点は，使う人（消費者）がその利便性をどのように感じるかである。表を埋めていて気づいたであろうか。シュンペーターが「今の産業社会は起業家によってつくられた」とする理由もうなずける。携帯電話がなければ，今の私たちの生活は不便かもしれない。

1-2　アントレプレナーシップの重要性

　シュンペーターが述べるように，今の産業社会が起業家によってつくられたのであれば，これからの新しい社会にも創造的破壊を起こす人物，つまり起業家が必要である。その起業家に必要な資質がアントレプレナーシップである。アントレプレナーシップとは狭義では，意欲を持って新しいビジネスを切り開く気持ちのことを指す。日本語では起業家精神とも訳される。
　現代の社会では創造的破壊はビジネスに限らず，広い分野で必要とされる。

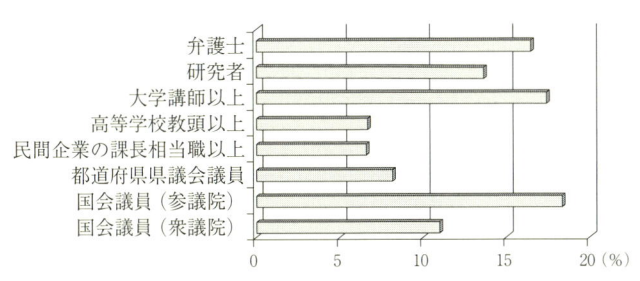

図表7-2 一部の職業における「女性の管理的な地位」の割合[1]

職業	割合
弁護士	約16%
研究者	約13%
大学講師以上	約17%
高等学校教頭以上	約6%
民間企業の課長相当職以上	約7%
都道府県議会議員	約8%
国会議員（参議院）	約18%
国会議員（衆議院）	約11%

人々がその方が効率的で時代に合っていると思えば、どの分野でも創造的破壊が起こる。つまりアントレプレナーシップも広義では、意欲を持って果敢にチャレンジする気持ちと捉えることができる。

② 女性のアントレプレナーシップ

2-1 日本における女性の活躍

　国際的に比較すると、現在の日本は職場等では女性の活躍が少ない。**図表7-2**で示す日本の職業別の数値と、**図表7-3**で示す国際比較を参照されたい。会社組織などでは、女性が管理的な地位に就く割合が少しずつ上昇しているとされる。しかし現状は政府が目指す目標には遠い。

　アメリカのキャタリストという団体は、女性役員の比率が高いと、会社の経営が順調という調査結果を発表している。[2] **図表7-3**では、日本では女性が職業に就いている割合は40％を超えているにもかかわらず、管理的な地位の割合は11.9％である。調査結果を参考にすると、日本においては女性の能力を会社等でさらに活用することで、潜在的な成長の可能性も考えられる。

2-2 女性が変える会社

　日本の社会のみならず、実はアメリカでもかつては女性の活躍は目立ったも

---

1) 内閣府（2010）より数値を引用し筆者作成。
2) 同社の「フォーチュン500」の企業520社を対象にした調査では、女性役員比率が高い企業の方が売上に対する利益が40％も高いとしている。

図表7-3 「女性の職業従事者」と「女性の管理的な地位」の割合（国際比較）[3]

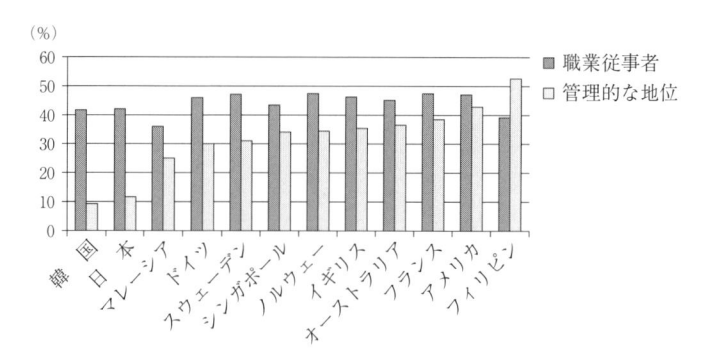

韓国／日本／マレーシア／ドイツ／スウェーデン／シンガポール／ノルウェー／イギリス／オーストラリア／フランス／アメリカ／フィリピン

のではなかった。およそ80年前の1930～1940年代のアメリカは，女性の社会的役割を認めなかった時代といわれている。しかし1970年代以降は，職業を持たない女性の方が少なくなった。社会において女性の能力や必要性が認められてきたといえる。

アメリカの大手の銀行であるシティバンクは，昔は極端に男性が中心の銀行であった。しかし優秀な女性を多数雇い入れた結果，経営が順調になったことで有名である。今では女性管理職が多く，女性が働きやすいことで有名な職場の一つとされている。シティバンクは極端に男性が多い銀行だったからこそ，女性の能力が経営を変えるのではという可能性に気づいたのかもしれない。

2-3 グラスシーリング（glass ceiling）

ガラスコップの底からその先を見たことがあるだろうか。その先は見えるけども，そのコップを突き抜けて指を伸ばすことはできない。能力のある人が，性別や人種などを理由に職場で出世（キャリアアップ）できない状態のことをグラスシーリング[4]という。シーリングとは天井のことであり，ガラスのコップのように，透明な見えない天井により出世が阻まれていて上へ昇進できないことを指す比喩表現である。

---

3) 総務省（2011）より数値を引用し筆者作成。
4) 1986年3月24日に発行された『ウォールストリート・ジャーナル』が起源の言葉であり，アメリカ連邦政府労働省が1991年に公的に使用した。

［コラム］　日本人の学力の高さ

　OECD（経済協力開発機構）が2011年に実施した国際成人力調査（PIAAC調査）は，世界各国の16歳以上65歳以下の個人を対象に「読解力」「数的思考力」「ITを活用した問題解決能力」の3分野のスキルを比較している。

　日本は調査国24カ国・地域の中で「読解力」と「数的思考力」において，1位であった。さらにその内容を分析すると，3つの分野すべてにおいて男性の方が女性より成績が良かったが，同じ学歴同士で比較した場合は男女の差がほとんどなかった。つまり同じ教育を受ければ，成人スキルは男女間で差がないということが示された

　現代社会では昔に比べ女性の高学歴化が進んでいる。よって日本の現状は，能力のある人が，社会で活躍できていないとも考えられる。能力が同じ程度に高い2つの集団で片方の集団が活躍できていない状態が解消されれば，社会が変わる可能性も考えられる。男女間だけでなく，能力のある人が活躍できる社会を目指すことが大切である。

　日本でも職場におけるこのような差別はあってはならないとされているが，一方でそれが行き過ぎて逆差別の問題（女性を優遇しすぎること）も指摘されることがある。

2-4　ウーマノミクス（womenomics）への期待

　ウーマノミクス[5]という言葉がある。女性のウーマン（Women）と経済のエコノミクス（Economics）を組み合わせた造語である。この言葉は，女性の活躍が経済を活性化することを意図している。

　ウーマノミクスの考え方に基づき，国や各地方の自治体にて，女性が働きやすい職場環境の充実（会社内に保育所の設置の推奨など），働き方の多様性の追求（仕事時間を短くすることや，時間に拘束されないフレックスタイム制の導入など）を支援している。アントレプレナーシップに対する支援としては，女性が自らビジネスを行えるような支援サービス（相談セミナー，交流会の開催，金融支援など）も行っている。

5）　ゴールドマン・サックス証券のキャシー・松井氏が提唱した考え方とされている。

国や自治体がこのような支援を行う背景には，女性がアントレプレナーシップを持って活躍することによる，日本社会の活性化への期待が考えられる。
　この言葉の提唱者は日本の女性の就業率が男性と同程度になれば，日本のGDPが上昇すると主張している。もちろん女性の雇用については量だけではなくその質も上げること，適切な人材が管理的立場にあることが必要であることはいうまでもない。
　さらに女性が活躍することは素晴らしいことであるが，女性の活躍が男性の活躍の場を狭め，結局プラスマイナスゼロ未満では，結果として高い効果を生み出さない。つまり全体としてのGDP等に対して何らかの効果が増加するかどうかが重要である。
　日本の政策で評価すべき点は，ウーマノミクスに関し，単純に女性と男性と同様に扱うのではなく，女性は男性とは異なるという認識を持ち，女性が働きやすくするためにという視点を持っていることである。またこのように考えると，ウーマノミクスを考える際には，女性だけの問題ではなく，同じ職場で働く男性がどのように協調するか，家庭で男性がどのように協力をしていくかを考えることも大切になる。
　その意味で本書は，女性だけでなく，男性にも深く学んでほしい内容となっている。なお必ず女性が働かなければならない，活躍しなければならないというような結論にも慎重である必要がある。各家庭，国や宗教でそれぞれの価値観が存在し，そこに統一的な絶対基準は存在しないことも明記しておく。

③　女性による起業の割合

3-1　女性による起業の2つのパターン

　国際的にも平均すると女性は男性ほどビジネスを始める（起業する）割合が高くない。GEM（Global Entrepreneurship Monitor）のTEA（Total Entrepreneurial Activity）調査によると，男女間で起業活動に差が大きい国と，差が小さい国に分かれる。またその差が小さい国は2つの傾向に分けることができる。生活をするためにビジネスを始めるパターン（生計確立型）と，生活をするのに十分な収入があるパターン（高所得型）である。一方で起業活動に男女間の差がない高

図表7-4　女性と起業活動の地域別分類

男女間で起業活動に差がある国		フランス，ギリシャ，香港，スペインなど
起業活動に差が少ない国	生計確立型	エクアドル，ハンガリー，ペルー，南アメリカなど
	高所得型	フィンランド，アメリカ（女性に対する政策が積極的な国）

所得型の国々では，女性に対する政策が充実していることがその要因と考えられている。

3-2　女性が男性よりビジネスを始める傾向が低い理由

　女性は男性よりビジネスを始める傾向が低いことについて，アメリカのスコット・シェーン（Scott A. Shane）は興味深い仮説と検証を行っているので紹介する。

　「女性はビジネスを行うためのお金を他人から集めることが困難である」という仮説には「違う」とする。シェーンがデータを基に示した理由は，ほとんど起業家は自己資金で起業するという事実であった。「女性はビジネスのチャンス（機会）に触れる機会が少ない」という仮説も「違う」とする。シェーンは，多くの起業家が起業した時点で，特別なビジネスアイデアを持っていないと調査から結論づけた。「会社の経営などのマネジメントの教育の経験が少ない」という仮説も「違う」とする。平均的には女性の方が男性よりも高い教育を受けており，また経営部門や専門職に就く女性の割合は男性より高いという実態からである。一方で「女性は男性ほど自分がビジネスを行うことに関心がない」については「その通り」とする。多くの場合，女性が起業をするのは，働く仕事が見つからない時であり，豊かな国の起業割合は貧しい国の起業割合の半分であるとする。さらに，一般的に女性が創業したビジネスの業績は，売上，雇用者数，生産性，利益，生存率の点で劣っていることについて，シェーンはその理由を，女性は男性より柔軟なスケジュールを手に入れたいため，採算面での目標が男性より低いとしている。

　以上は，アメリカの社会を基に述べられているが，日本にも一部で当てはま

図表7-5　規模別の管理的地位の女性の割合[6]

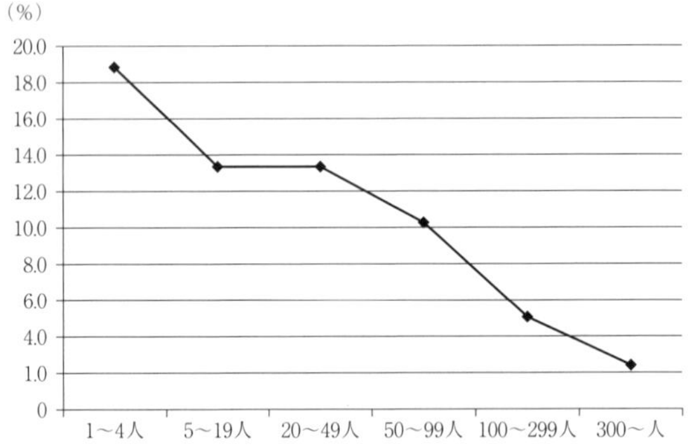

(%)
規模	割合
1～4人	約19
5～19人	約13
20～49人	約13
50～99人	約10
100～299人	約5
300～人	約1

る部分が存在するかもしれない。また日本では異なる部分もあるだろう。

3-3　女性による女性のための職場

　日本の女性の管理的地位の割合を，会社の従業員の規模別で比較してみた（**図表7-5**）。この図から，従業員数が少ない会社ほど女性が活躍していることが分かる。このことから規模が大きい会社においては，より一層，女性が活躍できるように現状を変えていくことが日本の課題といえるかもしれない。

　さらに個人事業主に注目すると興味深いデータがある。男女共同参画会議基本問題・影響調査専門調査会報告書によると，女性の個人事業主の場合，従業員の約9割が，個人事業主である本人を含め女性である。同じデータによると，男性の個人事業主の場合，その従業員の男女割合はほぼ半々となっている。女性による起業が増加すると，女性が働く場が生まれやすくなるといえるかもしれない。

４　アントレプレナーシップが生み出すビジネス

4-1　ビジネスにおけるイノベーション

　「私がビジネスを始めることなんて無理」「新しいビジネスなんて思いつかな

---

6)　総務省（2007）「就業構造基本調査」より数値を引用し筆者作成。

[インタビュー] 女性のシアワセ感を形にする！

(株式会社ファム・ベルシェ代表取締役社長) 橋本由美子さん

『FAM-VERCE (ファム・ベルシェ)』という雑誌が福井に存在する。コンセプトを「今，女性が求めるもの」とした，県内嶺北地方に配布されている無料の月刊誌である。この雑誌を発行している橋本由美子さんにインタビューしてみた。

会社のスタッフは皆女性であるという。主婦でも生き生きと働ける会社を目指しており，女性の社長だからこそ，スタッフを思いやった職場環境が実現できているのかもしれないと感じた。

「人それぞれ背負っているものが違います。子どもに何かあればすぐ迎えに行くことができる職場，そのような環境を用意することで女性は安心して能力を発揮し頑張れます」。

このように述べる橋本さんは29歳で株式会社ファム・ベルシェを設立した。当時をこう振り返る。

「福井には女性対象のフリーペーパーが存在しませんでした。福井で働く女性のために，何か役立つことをしたいと思っていました。離婚をきっかけにチャレンジすることを決断して，今この仕事を実現することができたのだと思います」。

「ファム・ベルシェ」はそのような橋本さんの経験と強い想いから生まれている。ビジネスとは利益を生み出すだけにとどまらない。株式会社ファム・ベルシェは，仕事が様々な形で地域に貢献していることを示唆しているのかもしれない。最後に橋本さんは次のように語った。

「専業主婦願望を持つ未婚女性が増加しています。しかし実際にはかなり狭い門です。仕事をすることで自分の役割を知り，自立する。それが結婚や子育てに必ずいい循環をもたらすと思います」。

い」と思い込んでいる人は意外に多い。しかし今存在する多くのビジネスは他のビジネスの模倣である。

読者の身のまわりのビジネスを思い浮かべてほしい。例えばランチを食べるお店，小売店，コンビニ，美容院などは，読者が住む地域にも数多く存在するはずである。それらはもちろんすべてがビジネスであり，それらを経営するこ

とはビジネスを行っていることにほかならない。

　ビジネスを始めることに，特殊な発想を決して必要としない。しかし確かに人と同じことをやっていては大きく稼ぐこともできない。ミクロ経済学でいう生産者余剰（供給者側の利益といえる部分）が大きければ大きいほど，そこに存在する余剰利益を求め，同事業への新規参入が増える。すると徐々に個々の余剰利益は減少する。そして利益を生み出さなくなればビジネスの継続が困難になる。よって，たとえ同じようなビジネスでも，個々に工夫を行い差異化しながら，より多くの利益を出そうと努力（これを独占的競争という）を行う。例えばコンビニでは，プライベートブランドと呼ばれる個々のブランドにより，消費者にアピールする。ATM（現金自動預け払い機）を設置しお金の預け入れや，郵便や宅配を扱うという付加的な利便性を高める。駐車場の有無も差異化の1つである。

　しかしどのように工夫しても，同様のビジネスを行う人が増えれば，個々の利益が減少する。そのような時，ライバルが思いつかない新しいビジネスの手法を発見できれば，より大きな利益を生み出す可能性が高まる。イノベーションというとまず技術革新を思い浮かべるが，イノベーションにはビジネスそのもののあり方も含まれるのである。

4-2　イノベーションを生み出す努力

　世の中には解決しなければいけない問題が多く存在する。人の欲求も多様であり，このようなものがあれば便利という期待も多く存在する。そのような問題を解決し，期待に応えることが新しいビジネスにつながることがある。例えば，少子高齢社会を迎えた国における高齢者の介護ビジネスが挙げられる。

　次に研究内容をビジネスへと進化させる方法も考えられる。大学や会社の研究所では日々研究が行われており，その中には今すぐビジネスにはならなくても，ビジネスになる可能性のあるものが数多く存在する。そのような研究内容は，時として人々が想像しなかったものを世の中に生み出すこともある。例えば電球やインターネット，羽根のない扇風機が挙げられる。これらによるビジネスを考える際には，その研究内容を製品化した時に，社会で受け入れられるかどうかを試行し，ニーズを把握しつつ，研究開発を続けることである。この

図表7-6　新しいビジネスの誕生

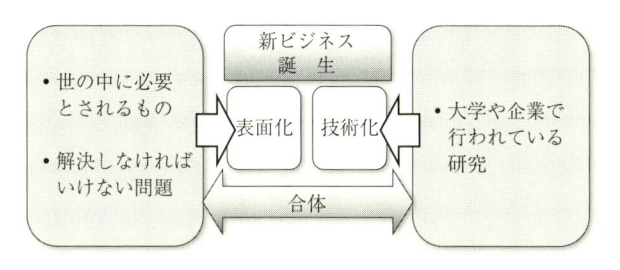

ような市場受容性を意識することが，大学や企業の研究所発のイノベーションを生み出す際には大切である。

　以上の問題や期待から，また研究内容という一方からビジネスが生まれるのではなく，それらと社会のニーズの双方が上手く合うことでビジネスが成功することもある。タッチパネル，カーナビゲーションなどの例はそのような両方の考えが合ったものといえる。

　さらにある技術やビジネスの要素を組み合わせることで，新しいビジネスが生まれることがある。例えば，電子書籍やまんが喫茶（ネットカフェ）がその例といえる。

　この節の冒頭では，ビジネスを始めることに，決して特殊な発想を必要としないと述べた。つまり模倣のビジネスについて述べたが，同じ模倣であっても所変われば，新しい地にとっては目新しいビジネスになる。

　アメリカや日本などの先進国で成功したビジネスを，発展途上国などの他の地域で展開するビジネスを，タイムマシン商法と呼ぶ。逆も存在し，海外で成功していて日本にはないものを，日本で新しいビジネスとして展開することある。例えば，コンビニ，シアトル系カフェなどが挙げられる。

4-3　ブレーンストーミング

　ブレーンストーミングとはアイデアを創造するやり方の1つである。グループを組んで行う。あるテーマに対し，グループメンバーが思いつくままにどんどんアイデアを出し合い，一通りアイデアを出した後に整理し，まとめ上げる。

　ブレーンストーミングのルールは次の通りである。自由に意見を出していく

> [コラム] 産業の発展は組み合わせの歴史
>
> 　公衆電話は19世紀にヨーロッパで初めて設置され，その後北アメリカやアジアの各地にも設置された。その後，研究による技術の進化と量をつくり販売することで，当初高価だった電話も次第に固定電話として，家庭で購入することが可能なほど低価格化した。固定電話は電話回線という有線によりつながれていた電話だが，無線通信技術の進展により線でつなぐ必要のない車載電話等が出現し，さらにバッテリーや出力性能の高度化と小型化により携帯電話が普及した。またカメラとの組み合わせで，カメラ機能付き携帯電話に，さらにインターネット技術との組み合わせでスマートフォンが生まれ，様々に多様化している。この電話の例は，組み合わせ技術により，近代の産業社会が形成された例といえる。

のがブレーンストーミングであるが，以下のルールを守ると，効果的にアイデアが出てくるとされる。

① 他人のアイデアに対し批判や判断をしない，まとめようとしない

　グループメンバーが自由にアイデアを出すのがブレーンストーミングである。よって他人の意見を批判せず，もし意見があれば「こう考えればどうだろう」というように可能性を広げるように心がける。幅広く，数の多いアイデアを得るには，出たアイデアをまとめようとしない（結論を出さない）ことが大切である。

② 遠慮せず自由に発言する

　恥ずかしがらずに，思いついたら付箋紙等に書き出し，口に出して他のメンバーに伝える。突飛な考えやユニークなもの，今までにない新しいアイデアを積極的に述べる。

③ とにかく量を出す

　①と②を守ると，自然に多くのアイデアが生まれる。アイデアが出なくなったら別の角度や，反対の視点から見るなど，工夫をする。

④ 便乗，誘発と結合

　複数のメンバーで実施することで，自分では思いつかない他人の考えを知ることができる。そのような他人の考えから連想することも数多くアイデアを出

図表7-7　ブレーンストーミングでは数を出すことが大切

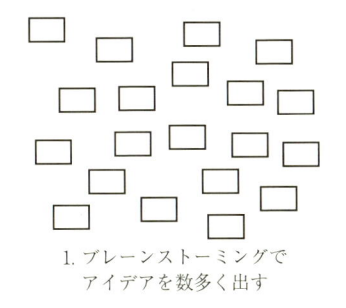

1. ブレーンストーミングで
アイデアを数多く出す

す方法である。他人のアイデアを少し変えてみることや，何かを少し加えてみることで新たなアイデアがまた1つ生まれる。

　数多くアイデアが出てくれば，次に出てきたアイデアをまとめる。代表的なものは，似たものをまとめる手法である。出たアイデアを一通り見わたし，似たもの同士をグループ化する。1つや2つだけのグループが出来ても構わない。3つから5つのグループが出来上がれば，それぞれのグループを代表する名前をつける。

　そして各グループを大きな紙に貼り出し，それぞれのグループにどのような関係があるかを整理する。例えば，「人を運ぶ」グループ（〇〇鉄道，〇〇バス，自転車）と「産業」グループ（製品A，製品B）を矢印で結び，その上に「人やモノの輸送」という具合に記入する。

4-4　社会を変革するアントレプレナーシップ

　図表7-9のように作成することができれば，その図をよく眺めてほしい。この図により読者の思考が整理されているはずである。すると「日本や世界の他の地域にはあるのに，当地にはない」「こういう資源が存在するのに，活かされていない」という「気づき」を得られる。つまり**図表7-9**から得られる「気づき」は，この章の**4-2**で学んだビジネスの考え方の土台（ヒント）となる可能性がある。

　多くの創業者はブレーンストーミングをして，**4-3**の手順で生み出されたアイデアをビジネスとしてそのまま実践することはないだろう。しかし企業や学

図表7-8　グループ化する

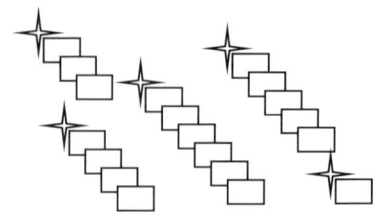

2. グループを作り見出しをつける

図表7-9　関係を線で結ぶ

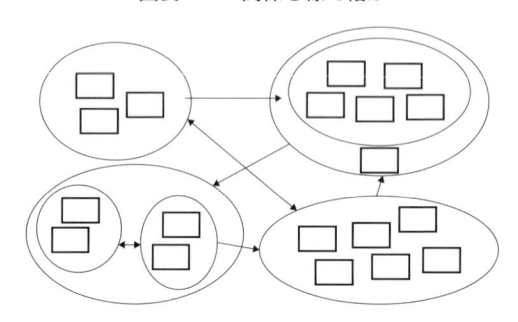

3. 大きな紙にグループごとに並べ，関係を示す線で結ぶ

校で，今でも多くのブレーンストーミングが活用されている理由は，発想のヒントを得る，発想力を鍛えるといった効果が確認されるからであると考えられる。

「気づき」は多くの日常から得られる。しかし気づこうという努力なしに，人より多くの気づきは得られない。ただボーッと過ごす人と，常に思考を整理し気づきを得ようとする人，キャリア・アントレプレナーシップを持つとは，この後者の姿勢も必要とされる。

では**図表7-9**が完成すれば，最後に本書の目的の1つである女性の目線を忘れないでほしい。今まで男性中心にビジネスが展開されてきた日本において，女性の目線ではまだまだ「気づき」がビジネスには多く存在すると思われる。いくつかの他の章で女性の目線でビジネスを生み出すことを述べているが，そ

の前提となる気づきは男性でも得ることが可能である。それが女性を交えたブレーンストーミングであり，男性が女性の目線を知ることで，便乗，誘発と結合の思考を得られる可能性があるからである。

　キャリア・アントレプレナーシップが目指す社会は，女性だけが変える社会ではなく，女性と男性が共に地域を変革する社会である。

［インタビュー］　海外には可能性が多く存在！

(Believing Beyond Co. Ltd. 代表)　岩田隆司さん

　2012年6年に屋外広告の媒体を取り扱っている広告代理店を起業した岩田さんに，起業までの経歴とキャリアについてインタビューを行いました。

「設立当時は，自社でビルボード（看板）を設置し，それをクライアント様に借りて頂く事業を行っていました。クライアント様からビルボード以外の広告も打ちたい，という要望があり，今ではテレビ，ラジオ，高架鉄道，地下鉄，バス，空港，飛行機など，あらゆる広告媒体を扱うようになっています」。

　このように起業から現在までの拡大の過程を語ってくれた岩田さん，仕事はタイのバンコクで展開しておられます。というのも，岩田さんは日本人とタイ人を両親に持ち，バンコクで育っておられます。それゆえに苦労した学生時代から起業に至るまでの経験も話してくださいました。

「高校はインターナショナルスクールに通っていました。しかし英語をまったく話せない状態で入学しましたので，日本人の家庭教師をつけていました。ある日，ビジネスの授業で新規事業の事業計画書を作る課題が出ました。なかなか進まずに悩んでいたところ，その家庭教師から，若い起業家で印刷会社を経営しているトムさんを紹介されました。トムさんは今もビジネスパートナーなのですが，当時からビジネスの話でとても盛り上がり，株式，金，不動産などの投資をすべて私に教えてくれました。株式と金の投資を始め，少しずつ利益を出していたのですが，毎日数字を見ていても面白くないと感じたことと，『これって誰でもできるのでは……？』と考えるようになり，多額の損失を出してしまった日から株式などの投資をやめて，ビジネスを始めようと決意しました」。

　高校時代にビジネスの課題があったというのも，私たち日本人にとっては新鮮かもしれませんが，その時のトムさんとの出会いが今でも続いていること

と，また誰でもできることではなく，新たに自分で実際にビジネスを始めようと思われた岩田さんのお考えにも学ぶところがありますね。

「17歳の時にマンションにあるプールサイドのミーティングルームを時間制で借り，インターナショナルスクールに通う日本人向けの英語塾を始めました。最初は生徒がまったく集まらなかったのですが，広告のチラシを自分で作り，日本人が多いアパートに置いてみたら，生徒が少しずつ増えました。口コミ効果もあり，1年後には友人たちをアルバイトで講師に雇ったりするなど，本当に会社を経営している感覚を得るようになり楽しかったです。大学2年生まで英語塾を続けていました。塾は結構順調だったのですが，大学の勉強がどんどん難しくなりました。塾には講師として行っていましたが，私は経営をあまり見なくなりました。そして気づいた時はすでに遅く，様々な問題が起こっていました。講師が来ていないのに給料を支払っていたり，生徒を他の塾に引き抜かれたり，送迎バスの運転手が燃料費を水増ししたり……といった具合です。その時，大学と経営の両立はできないと考え，塾を閉めることにしました」。

ビジネスを行うことに楽しみを感じられた反面，経営は片手間にはできないということに岩田さんは気づかれたようです。しかし17歳で最初の起業，大学に通いながら経営というスタイルも，私たち日本人は岩田さんのアントレプレナーシップに学ぶものが多いようです。

「大学3年生の時に大学内でMoney Gameという投資クラブを作りましたが，4年生になると設立メンバーが忙しくなり，こちらも長くは続きませんでした。今思うと失敗だらけですね（笑）」。

そのようにおっしゃる岩田さんですが，その果敢なチャレンジには尊敬すべきものがありますね。では今のビジネスを始められたきっかけを聞いてみましょう。

「大学を卒業してタイの不動産を勉強するためにバンコクの日系不動産会社に入社しました。仕事は主に日本人駐在員にアパート・コンドミニアム（賃貸型のリゾートマンション）を紹介する賃貸仲介業務でした。入社した会社は，バンコクの不動産業界でも有名でしたので，仕事に関係なくタイの大手不動産会社の経営陣やいくつものアパートを所有しているタイ人の実業家に会う機会も多かったです」。

勉強のために会社で働いていてみるという岩田さんの姿勢にも学ぶべき点があります。そこで人脈を広げられたことも分かります。第1章に清水さんのインタビューがありますが，清水さんも同様の姿勢をすすめておられます。

「入社して1年ぐらいで，この会社から学ぶことがなくなってしまったのと，オーナーの経営方針が私には合わず，マンションの一室にて1人で起業しました。とりあえず会社を作ったのですが，当初は何の事業をすべきか方向が定まらず，最初の1カ月は会社から資金だけが出ていき，とても焦りました。そんな時，高校の時に出会った家庭教師のトムに相談すると，彼が副業でやっているビルボード事業の人手が足りないので，一緒にやらないか？　と誘ってくれました。正直なところ，儲かるかどうかは分かりませんでしたが，一生懸命打ち込めば報われると思い，ビルボード事業を一緒にやることにしました。ビルボード事業はビルや土地のオーナーから看板を取りつけるスペースを年間単位で借りて，そこに看板を設置してクライアントに借りてもらう商売です。その事業が少しずつ軌道に乗り，クライアントから看板以外にも広告を打ちたい，という要望が出て，高架線や地下鉄の広告媒体なども取り扱いを始め，今ではタイ主要都市の屋外広告の媒体をすべて取り扱っています」。

　ビジネスというのは，ヒトのつながりが大切であることも分かります。では岩田さんの今のビジネスへの想いはどのようなものでしょうか。

　「正直，広告代理業は将来があまり見えない部分があり，不安もあります。例えば弊社の中核事業であるビルボード事業は景観を悪くするので規制が出れば経営が危うくなります。そのために今は新規事業を企画していますが，その事業は日本とタイの架け橋になるようなものにしたいと考えています。せっかく日本人とタイ人のハーフに生まれたので，両国に貢献できる仕事をする事が自分の使命だと思っています」。

　ビジネスは環境の変化に敏感にならねばなりません。その変化を常に考えつつ，自分でしかできないことを，そしてすべきことを考えておられるようです。また岩田さんのように，国際性を持つと，ビジネスでも有利になることは間違いなさそうです。

　「一番のアドバンテージは世界を舞台にビジネスをする勇気を持てることだと思います。私の場合，何か事業をやろうと思った時にタイ国内だけですべてを調達したり，販売しようとしたりは考えません。例えば，弊社が取り扱っている広告媒体は昨年までタイ国内にあるタイ企業，日系企業向けに営業してきましたが，少しずつ日本国内や他国にある企業に営業を開始しています。さらに副業として，タイのハンドメイド商品を輸出する事業もしています。昨年は日本，韓国，シンガポール，アメリカ，ヨーロッパに輸出しました。輸入もしようかと考えており，日頃は常に海外のヒット商品・サービス

を調べて，すぐにメーカーに問い合わせをし，タイや近隣諸国で売れるか調査します」。

最後に日本の学生にメッセージを頂きました。

「日本国内だけではなく，世界には活躍する場が沢山あります。お金がない，語学力がない，知り合いがいない，などよく耳にしますが，それは単に努力していないだけであって，努力すれば必ず解決できます。是非，世界を視野に入れて，頑張ってください」。

[課題]

1. 携帯電話の例以外に，創造的破壊の例だと思うものを挙げてみよ。また本文の表のように，創造的破壊が起こった理由を比較してみよ。
2. 国際学力テストで，日本は成人男女ともに読解力，数的思考力が調査国の中で1位であり，男女の能力差はほとんど存在しない。この結果と**図表7-3**を比較した場合，どのようなことがいえるだろうか。
3. 日本において，極端に男性が多い会社や店などの例を挙げよ。そしてもしその会社や店が女性中心になった場合，どのような変化が起こるか，あなたの意見を述べよ。
4. 女性の個人事業主の場合，従業員に女性が多い理由について，あなたの考えを述べよ。
5. 身のまわりのビジネスや商品は，数々の技術やサービスの組み合わせで成り立っている。読者の身の回りのビジネスを1つ挙げて，それが何と何を元に生み出されたのか，述べよ。

[主要参考文献]

1. Peter F. Drucker (1986) *Innovation and Entrepreneurship*, Harper Business.
2. William Bygrave & Andrew Zacharakis (2010) *Entrepreneurship*, John Wiley & Sons.
3. Scott A. Shane (2010) *The Illusions of Entrepreneurship*, Yale University Press.
4. 内閣府 (2010)「女性の政策・方針決定参画状況調べ」。
5. 総務省 (2011)「労働力調査」。
6. 総務省 (2007)「就業構造基本調査」。

7. 竹本拓治（2011）『教養のミクロ経済』萌書房。
8. 竹本拓治（2007）『お子さんを心と学力が養われたエリートに育てませんか』しののめ出版。

第8章 ライフコースとキャリア
──男女の労働力率を比較する

> キャリア（career）とは職業や職歴，ライフコース（life course）とは，誕生，就学，就職，結婚，出産，定年退職など，人が生まれてから死ぬまで辿る道筋のことを指す。
>
> キャリアはどのような人のライフコースの中にも関わってくる。しかしながら，年齢層ごとに見てみると女性と男性ではっきりとした違いがある。日本の女性の場合，15歳以上人口に占める労働力人口は結婚・出産期に当たる年代に一旦低下し，育児が落ち着いた時期に再び上昇するため，その割合をグラフにするとちょうどM字型のカーブを描くことが知られている。一方で，日本以外の国では必ずしも同様の形を描かないことは，あまり知られていない。
>
> この章では，日本と諸外国の男女の労働力率，年代による労働力率について比較しながら，キャリアとライフコースについて考える。

1 現代日本の労働力率の特徴

1-1 キャリアとライフコースの男女差

　図表8-1と図表8-2は，日本での年齢による労働力率と就業形態の内訳を男女別に表したグラフである。労働力率とは，15歳以上の人口の中に占める労働力人口（就職している人と，現在は就職していないけれど求職活動中の人を足したもの）の割合のことをいう。

　図表8-1と図表8-2を比較してみると，男女でグラフの形に違いがある。

図表8-1　平成24年年齢階級別労働力率の就業形態別内訳（女性版）[1]

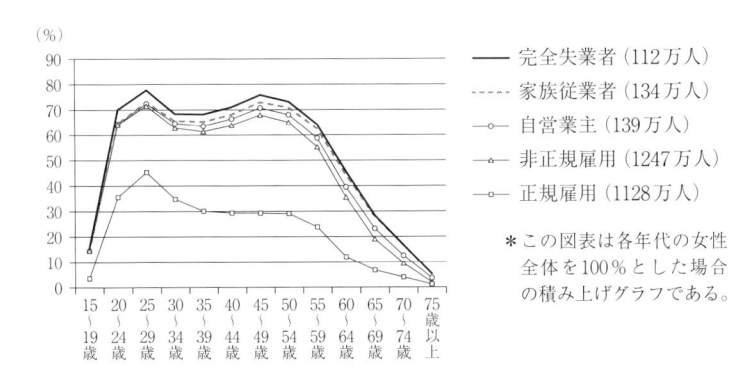

― 完全失業者（112万人）
---- 家族従業者（134万人）
―〇― 自営業主（139万人）
―△― 非正規雇用（1247万人）
―□― 正規雇用（1128万人）

＊この図表は各年代の女性全体を100％とした場合の積み上げグラフである。

図表8-2　平成24年年齢階級別労働力率の就業形態別内訳（男性版）[2]

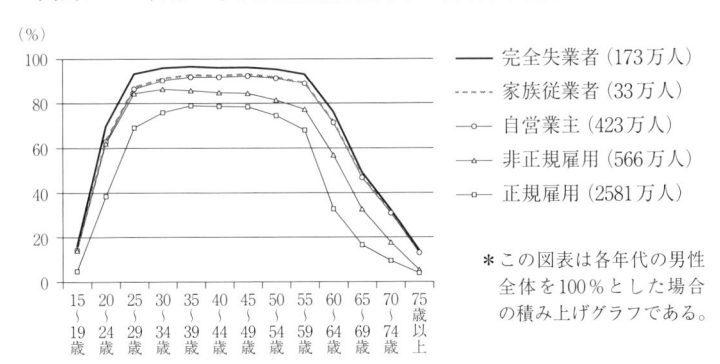

― 完全失業者（173万人）
---- 家族従業者（33万人）
―〇― 自営業主（423万人）
―△― 非正規雇用（566万人）
―□― 正規雇用（2581万人）

＊この図表は各年代の男性全体を100％とした場合の積み上げグラフである。

　日本の女性の場合は，グラフの途中が「M字」のようにへこみが見られる，つまり30歳代にかけて労働力人口が減っている。この特徴を「M字カーブ」や「M字曲線」と呼ぶ。一方，男性の場合は，グラフがへこみのない「台形」をしている。なぜ労働力率にこのような男女差ができるのだろうか。
　グラフから分かるように，日本の女性の労働力率は20歳代から30歳代にかけて減少し，30歳代後半から40歳代にかけてまた増加している。このように女性の労働力率が20歳代から40歳代にかけて「M字カーブ」を描くのは，こ

---

1)　内閣府男女共同参画局「男女共同参画白書平成25年版」．
2)　内閣府男女共同参画局「男女共同参画白書平成25年版」．

図表8-3 女性の年齢階級別労働力率[3]

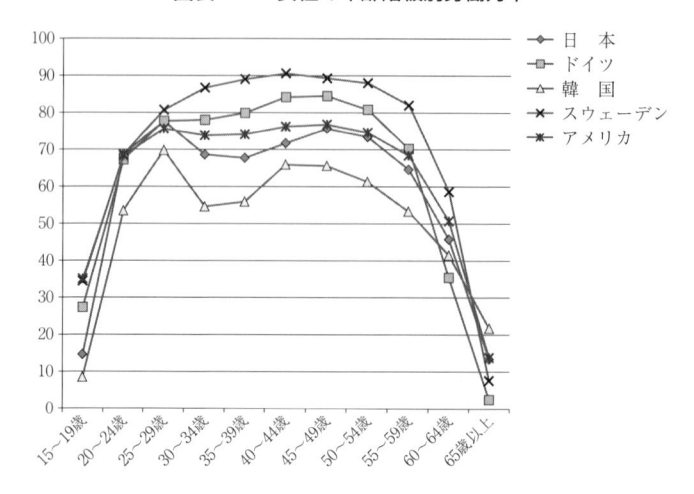

の年代に結婚・出産・育児に伴って退職する人が多く，また出産後に復職するとしても，育児と両立がしやすいパートタイム労働の形で就業することが多いことが理由として考えられる。

1-2 女性労働力率の国際比較

では，日本以外の国の場合はどのような差があるだろうか。**図表8-3**のグラフは，女性の労働力率を日本，ドイツ，スウェーデン，韓国，アメリカと比較したものである。日本と比較すると，アメリカ，ドイツ，スウェーデンでは，年齢階級別労働力率にM字カーブは見られない。日本でM字カーブが見られることの理由には，結婚，出産，子育て期に就業を中断する女性が多いことが挙げられるが，アメリカ，ドイツ，スウェーデンでは，同じく結婚，出産，子育てのために就業を中断する女性は少ないことが指摘できる。

図表8-3で示した国々の女性の1970年代からの年齢別労働力率の推移を見てみると，全体として労働力率は上昇している。さらに細かく年齢別に各国女

---

[3] 内閣府男女共同参画局「男女共同参画白書平成25年版」。アメリカのみ「15～19歳」ではなく「16～19歳」。日本は総務省「労働力調査（基本集計，平成24年）」。その他の国は，ILO "LA-BORSTA" "ILOSTAT" より。

性の労働力率の変化を見ると，スウェーデンやアメリカについては，1980年代にはM字カーブの底がなくなり，逆U字カーブを示している。ドイツの場合は，2004年には完全にM字カーブがなくなり，U字カーブを形成するようになった。

　このように，欧米諸国において逆U字カーブを示している要因としては，(1)働き方の柔軟性が高いことや，(2)地域の子育て環境が充実していることなどが考えられる。例えば(1)に関しては，日本でフルタイムと呼ばれるような労働時間が長い勤務形態が多いことに対して，イギリスやドイツではフルタイム勤務形態の割合は低く，フレックスタイム勤務，短時間勤務，在宅勤務など，働き方に柔軟性が見られる。[4]また(2)に関して，フランスでは「認定保育ママ（Assistantes maternelle）」という制度がある。これは一定の要件を備えた者を「保育ママ」として認定・登録するもので，認定を受けた保育ママは親と雇用契約を結び，親の家や自宅で子どもの世話をすることができる。また「保育ママ」以外にも子どもの親が共同運営する「親保育所（creche parentale）」や市町村が保育ママを雇用して「家庭保育所（creche familiale）」が運営されているなど，保育所や託児所にもバラエティが見られるのだ。日本においても徐々にフレックスタイム勤務や，一部市町村において「保育ママ」制度が導入されつつあるが，働き方や子育て環境の硬直性を解消するためには，これらの制度を積極的に導入する企業や地域への手厚い支援が必要なのである。

❷　女性の労働力率と性別役割分担との関係

2-1　性別役割分担意識とは

　諸外国と比較した場合，日本で結婚，出産，子育て期に就業を中断する女性が多い理由には，上記の勤務形態や子育て支援の硬直性に加えて，「夫は外で働き，妻は家庭を守るべきである」というような固定的な性的役割分担という考え方が背景にあることが指摘できる。

　平成24年に内閣府が行った「男女共同参画社会に関する世論調査」によると，「夫は外で働き，妻は家庭を守るべきである」という考え方について，全

---

[4]　武石（2011）p. 11。

体では「賛成（=「賛成」+「どちらかといえば賛成」）」が41.3％,「反対（=「反対」+「どちらかといえば反対」）」が55.1％となっている。平成4年には「賛成」が60.1％,「反対」が34.0％であったことから考えると,固定的な性別役割分担に反対する人の割合は増えている。しかし,年齢別の割合を見てみると,「賛成」の割合は70歳以上で高く,「反対」は20歳代,40歳代,50歳代でそれぞれ高くなっていることから,年齢によって男女の性別役割分担意識は異なる。

2-2 性別役割分担意識と女性のキャリア

「働き手や稼ぎ手は男性で,女性が働くのは男性の手助け」という固定的な性別役割分担意識があると,女性は男性よりも非正規雇用の対象になりやすく,また就業を中断することにつながる。さらに,出産等により一度退職した女性の再就職は難しく,再就職できても非正規雇用とならざるをえない場合も多いといった状況を助長している。

国連開発計画（UNDP）では,各国の教育率,就学率,識字率などその国の人々の生活の質や発展度合いを示す人間開発指数（HDI: Human Development Index）という数値と,女性の政治や経済への参画の程度を表すジェンダー・エンパワーメント指数（GEM: Gender Empowerment Measure）という数値を毎年公表している。

2009（平成21）年の数値を見てみると,日本はHDIが測定可能な182カ国中10位であり世界の中でも高い水準にあるのに対し,GEMは測定可能な109カ国中57位にとどまっている。他の先進国は,HDIおよびGEMの両方とも高い順位で,この2つの数値にこれほどの差があるのは日本のほかには韓国（HDI26位,GEM61位）のみである。これは日本では男女差なく教育の機会が与えられているのに,国際的に見ると男女の格差が大きく,女性が政治・経済活動に関わる機会が少ないことを表しているのである。

③ 時代による女性の労働力率の変化

3-1 1920〜1960年代の産業構造の変化と労働力率[5]

日本における「M字カーブ」も不変ではなく,時代によって異なっている。

> [コラム]　正規雇用と非正規雇用
>
> 　正規雇用とは，使用者（企業や官公庁）のもと，常勤で働く期間を定めない雇用形態のことを意味する。逆に，非正規雇用とは，期間を定められた雇用形態で，正規雇用者と比べると昇進できなかったり，給料が少なかったり，退職金やボーナスがない，というような場合がある。日本では，「パートタイマー」「アルバイト」「契約社員」「契約職員」「派遣社員」と呼ばれるような職員が非正規雇用に当たる。

それは，産業構造が現在とは異なっているためである。例えば1920年には，第1次産業（農林漁業）で働く人は労働人口の半数以上，第2次産業（工業，製造業など）や第3次産業（第1・2次産業以外）はそれぞれ2割程度だった。このような産業構造のもと，戦前までは「農家のお嫁さん」や「自営業者のおかみさん」が多く，彼女らは出産や育児で就業を中断することがなかった。その結果，昭和元年から9年までに生まれた女性は，一生を通じて働く割合が高かったことが指摘できる。

　しかしその後，第3次産業で働く人は増え続け，1960年代には第1次産業を逆転した。第3次産業の中では，小売業や卸売業よりもサービス業（医療・福祉，運輸，金融，公務，通信などを含む）が増加している。このような産業構造の変化を経ることで，働く場所と生活するが場所が分かれた。サラリーマンの夫が家の外で働くようになり，妻は家の中で働くようになる過程で，女性は「主婦になって家事・育児が第一」という固定的な性別役割ができたのである。

3-2　1960年代以降の女性の労働力率の変化

　では，産業構造の変化を経た後の女性の労働力はどのように変化したのだろうか。

　図表8-4を見てみると，M字の底は年代を経るごとに浅くなっている。そして，各年代でM字の底になる年齢層も次第に右にずれている。これは，結婚や出産の高年齢化の結果であると指摘されている。第2節で述べたように，

---

5) 落合（2004）。

図表8-4　女性労働力率の推移[6]

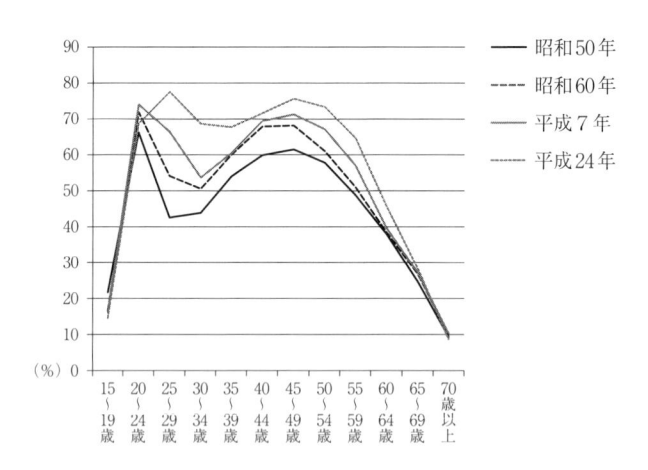

若い人ほど女性の固定的な性役割については否定的な人が多い反面，実際は結婚や出産によって退職するという傾向が続いているのである。

3-3　女性の社会進出と法整備

では，働く女性の増加に伴いどのような法整備がなされてきたのだろうか。

図表8-5からも分かるように，欧米での参政権運動や女性解放（ウーマンリブ）運動などの社会運動に影響されて，日本国内でも同様の運動が展開した。また，経済的・社会的・文化的・人道的な国際問題の解決，および人権・基本的自由を助長するために国際協力を行っていくことを目的とする国際連合では，社会運動と連動する形で，女性差別をなくすための宣言，規約や条約が決議されてきたのである。

国際連合の加盟国である日本でも，国際連合での条約を批准（国際的な取り決め・ルールを国内でも取り入れて従うことを，国として確認し同意すること）し，法整備を進めてきた。

参政権運動から始まった日本の女性の権利運動は，女性を取り巻く世界的な動きと連動しながら進んできた。そのような動きと併せて整備されてきた法律

6）　総務省「労働力調査（基本集計）」より筆者作成。

図表8-5　女性の権利に関する社会運動や国連の動きと法整備

日本国内での女性に関する法整備	日本国内および国際的な社会運動と国連での動き
1945年：改正衆議院議員選挙法公布。女性の国政参加が認められる。 1946年：女性議員が誕生。	**社会運動** 1900年代以降： 　欧米で女性の参政権が認められるようになるにつれて，明治期の日本でも女性参政権運動が起こる。 1960年代後半〜70年代前半： 　世界的な女性解放（ウーマンリブ）運動が起こる。日本では1970年代以降に展開される。
1985年：日本が女子差別撤廃条約に批准「雇用の分野における男女の均等な機会及び待遇の確保等女子労働者の福祉の増進に関する法律（改正男女雇用機会均等法，85年法）」整備。 1992年：「育児休業法」施行。 1995年：「育児休業，介護休業等育児又は家族介護を行う労働者の福祉に関する法律（育児・介護休業法）」施行（2001年大幅改正）。	**国連総会採択** 1966年：「経済的，社会的及び文化的権利に関する国際規約」。 1967年：「女性に対する差別撤廃宣言」。 1972年：「国際女性年」国連総会で採択。 1979年：「女子に対するあらゆる形態の差別の撤廃に関する条約（女子差別撤廃条約）」。

によって，働く場所でも育児・介護に関しても男女が公平に関わる機会が保障されている。しかし，厚生労働省の調査では，2006年度に育児休業を取得した男性は0.57％，2012年度は1.89％にとどまっていることから考えると，法はあっても実態は異なっているといえる。

4　多様なキャリアとライフコース

4-1　ライフスタイルに合わせたキャリア選択

　日本と諸外国の男女の労働力率，年代による労働力率や働く女性に関連する法整備について比較しながらキャリアとライフコースについて考えてみると，日本の女性の労働力に見られるM字カーブは日本の近現代の産業構造の変化

[インタビュー] 夢はニューヨーク出店！

（株式会社GAIA　ベジヤード店長）石内ももよさん

　石内さんは，株式会社GAIAの経営する「ベジヤード」という福井の野菜を使うお惣菜やスイーツを飲食・販売する店で店長を務めている。具体的な仕事内容は，仕入れ，開店前の準備，料理の仕込み，接客，お金の管理，イベントの打ち合わせ，来年度の計画など，ベジヤードの全般に関わっている。石内さんによると「店長は13人いる従業員の補佐的な役割」と考え，店を率いつつも，働く皆をサポートしているという。

　彼女の前職は，食品販売ではなく美容師であったという。福井市内の高校を卒業後，京都の美容専門学校で勉強し，イギリスの美容学校での留学経験もある彼女は，福井の美容室で働きながら，もう一度イギリスで美容技術を勉強して，イギリスで働きたいと考えていた。その一方で，経営についても勉強したいという気持ちが芽生え，美容師を一度やめて就職活動した時に，ベジヤードの面接試験を受けたという。石内さん自身も客として通っていたベジヤードは，福井のおいしい野菜を使い，なるべく無添加の食品を提供している。店の方針は，オーガニック先進国のイギリスで生活したことのある彼女が慣れ親しんだ考え方だった。そして面接で出会った株式会社GAIAの取締役は，ちょうど海外出店を考えていたという。取締役のパワーに惹きつけられた彼女は，国外で活躍する目的が一致したこの会社に営業チーフとして入社した。

　ベジヤードは2013年，中華人民共和国・上海に野菜ジュースを販売するお店を出した。しかし，海外出店には日本と異なる対応も必要である。「まず，野菜の確保が難しかったです。減農薬の野菜を中国の契約農家から取り寄せていますが，中国と日本とでは同じ野菜でも味が違うので味の調整も必要です。そして，中国の人には野菜をジュースに使うことの抵抗感があったようで，緑のジュースは驚かれました」と，その苦労を語ってくれた。今は緑のジュースが美容と健康にいいというイメージが定着しつつあり，空芯菜やドラゴンフルーツなど，あまり日本で見かけない野菜もジュースに入れているという。

　ベジヤードは近い将来にはタイにも出店を目指している。福井から海外へと広がるベジヤードを支える石内さんの夢は「ニューヨーク出店です！」だと答えてくれた。彼女が美容師時代から培った顧客を大事にするスキルとパワーで，ベジヤードの海外進出が一層進むのではないだろうか。

を背景につくられたものであるということが明らかになる。そして，近年M字カーブの底が浅くなっている，つまり女性の労働力率は上昇しているのである。しかし，男性の育児休業取得率が低くとどまっていることを考えると，働く女性を取り巻く環境が良くなっているとはいい難い。つまり，育児に加えて労働に関しても女性への負担が集中しやすいということである。このような環境を改善して女性が働きやすくする工夫を考える必要がある。それとともに，専業主婦でも賃金労働でも自分たちのライフスタイルに合わせたキャリア選択が自由にできるようになることも大切である。

4-2 社会を変革する女性のアントレプレナーシップ

自分たちのライフスタイルに合わせたキャリア選択にはどのようなものがあるだろうか。自己のキャリア形成を考える時，企業等で雇用されることを想定することが多いだろう。それに対して，「自分が起業することで，自分で働き方を決める」といったことも大いに可能なのである。本書の各章で紹介されているコラムでも，自分のスキルを活かして独立したり，新たに起業した経験を持つ女性を多く紹介している。起業というと難しいイメージを持つかもしれないが，市町村によっては起業者を支援する制度がある。また，手芸などの趣味の延長から委託販売やネットショップを開業することで，自宅で働くことも可能なのである。このように個々のライフコースに応じて多様なキャリアを切り拓こうとすることもアントレプレナーシップであり，個々の生活，人生というライフが充実することを通じて社会全体が豊かになると考えられる。

[課題]

1. 日本の女性の労働力率を示すグラフが「M字カーブ」を示す理由について説明してみよう。
2. 年代によって女性の労働力率には変化が見られるが，「M字カーブ」の底が一番深いのは，どの世代だろうか。
3. 日本で，結婚，出産，子育て期に就業を中断することがないようにするために必要な対策を3点挙げてみよう。

［主要参考文献］

1. 内閣府男女共同参画局「男女共同参画白書　平成22年度版」(http://www.gender.go.jp/whitepaper/h22/zentai/index.html#honpen)。
2. 内閣府男女共同参画局「男女共同参画白書　平成25年度版」(http://www.gender.go.jp/about_danjo/whitepaper/h25/zentai/index.html#honpen)。
3. 落合恵美子（2004）「女は昔から主婦だったか」『21世紀家族へ　家族の戦後体制の見かた・超えかた』第3版，有斐閣選書。
4. 武石恵美子（2011）「働く人のワーク・ライフ・バランスを実現するための企業・職場の課題」『RIETI Discussion Paper Series』11-J-029，経済産業研究所。

第9章 男女共同参画社会におけるキャリアデザイン
―― ソーシャル・イノベーションをもたらす能力を高める

> アントレプレナーシップを養成し，ソーシャル・イノベーションを生み出す能力を高めるためには，キャリアデザインに対して戦略的かつ柔軟なものの見方をする必要がある。
> 　本章では，そのような視点を養うための重要な論点を取り上げ，それぞれについての基本的な考え方を述べる。キャリアデザインの目的に合致した戦略的な学びと，キャリアをデザインする上で参考となる事例やツールを紹介する。また，社会における女性の活躍を推進するため，働く女性が押さえておくべき点についても述べる。これらを踏まえ，章末において自身のキャリアをデザインする演習課題を設けている。

1　学びとキャリアデザイン

1-1　戦略的な学びの重要性

　社会人の中には「大学で勉強することは実社会では役に立たない」という意見を持つ人もいるだろう。しかし，逆の考えを持つ社会人がいることも次のデータから分かる。**図表9-1**は22歳から40歳までの大学卒業以上の社会人5150人を対象としたインターネット調査の結果である。様々な能力について，「今の仕事をするのにどのくらい必要か？」という質問に6点満点で回答するというものである。**図表9-1**では，項目ごとに5150人の平均点を示している。大部分の項目が4点以上であり，この中には，計算力，文章力，幅広い教養，論理的に思考する力など，日々の勉強を通じて習得するものがある。つまり，勉

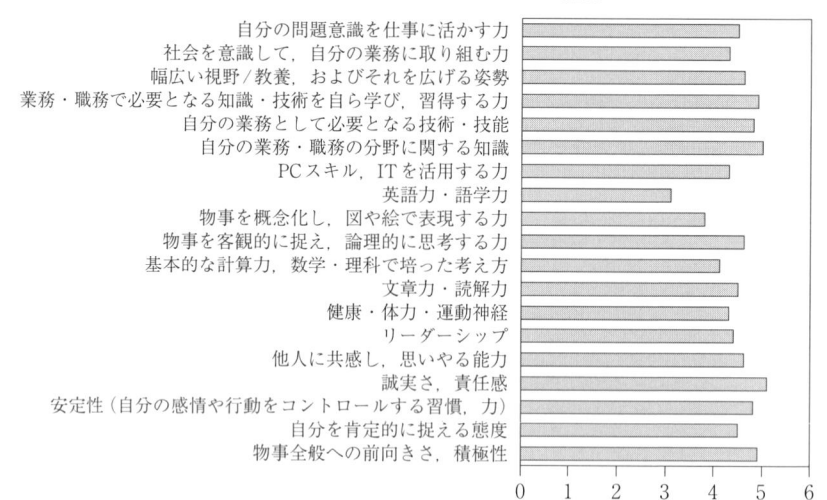

図表 9-1　仕事において求められる能力[1]

　　　　　　　　　　自分の問題意識を仕事に活かす力
　　　　　　　　社会を意識して，自分の業務に取り組む力
　　　　　　　幅広い視野／教養，およびそれを広げる姿勢
　　　業務・職務で必要となる知識・技術を自ら学び，習得する力
　　　　　　　　　自分の業務として必要となる技術・技能
　　　　　　　　　　自分の業務・職務の分野に関する知識
　　　　　　　　　　　　　　　PC スキル，IT を活用する力
　　　　　　　　　　　　　　　　　　　　英語力・語学力
　　　　　　　　　物事を概念化し，図や絵で表現する力
　　　　　　　　物事を客観的に捉え，論理的に思考する力
　　　　　　　基本的な計算力，数学・理科で培った考え方
　　　　　　　　　　　　　　　　　　　文章力・読解力
　　　　　　　　　　　　　　　　健康・体力・運動神経
　　　　　　　　　　　　　　　　　　　　リーダーシップ
　　　　　　　　　　　　　　他人に共感し，思いやる能力
　　　　　　　　　　　　　　　　　　　　　誠実さ，責任感
　　　安定性（自分の感情や行動をコントロールする習慣，力）
　　　　　　　　　　　　　　　　　自分を肯定的に捉える態度
　　　　　　　　　　　　　物事全般への前向きさ，積極性
　　　　　　　　　　　　　　　　　　0　1　2　3　4　5　6

強によって習得する能力は，実社会で仕事をするために重要だということになる。仕事に対する勉強の有用性について，意見の違いが生まれる理由は何か？

　キャリアデザインにおける学びの位置づけを明らかにするため，この点について考察する。

　上記とは別の調査で，大学の学部卒・大学院修了の社会人640人を対象に「勉強したことが社会で仕事をする上で役に立っているのか？」という質問をしている。**図表9-2**は，そのうちの学部卒の結果である。「かなり役立っている」，「やや役立っている」を合わせると60％以上となった。一方，「勉強が役に立っていない」と回答した社会人が全体の37.7％を占めていた。このような回答の違いが生じる理由について，本調査では次のことを示唆するデータが得られている。

① 学生時代に熱心に勉強した人の方が，「勉強が仕事に役立っている」という実感が強い。

② 学生時代に能力（専門知識・技術）を獲得できたと感じている人の方が，「勉強が仕事に役立っている」という実感が強い。

③ 大学での専門分野と関連が深い仕事をしている人の方が「勉強が仕事に

---

1) 経済産業省（2010）p. 269 より数値を引用し筆者作成。

図表9-2　大学での勉強の有用性——仕事に役立っているか[2]

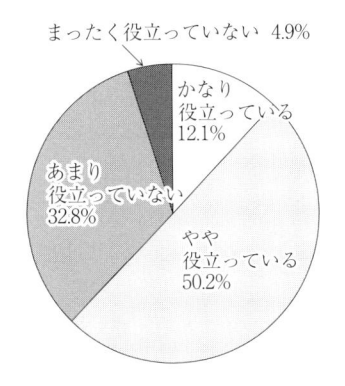

まったく役立っていない 4.9%
かなり役立っている 12.1%
あまり役立っていない 32.8%
やや役立っている 50.2%

役立っている」という実感が強い。

つまり，大学で熱心に勉強することで，専門知識・技術などを身につけ，それと関連の深い仕事をしている社会人は「勉強が仕事に役立っている」と感じていることになる。学生時代，習得すべき専門知識や技術を身につけなかったのなら，そもそも仕事に役立てようがない。重要なのは，「大学での専門分野と関連の深い仕事」であるかどうかだろう。どれだけ専門知識や技術を習得しても，それとまったく関連のない仕事についてしまうと活用の機会を見出すことは難しい。このことから，キャリアデザインの目的に合致するよう，戦略的に学ぶことが大切になる。この戦略的な学びができていないからこそ，「大学での勉強が役に立たない」といった結果になる。

1-2　戦略的な学びからキャリアパスの構築

戦略的に学び得たことをベースに，各人がそれぞれキャリアの道筋（キャリアパス）を構築していくことになる。アントレプレナーシップを養成するためには，この展開のあり方についても柔軟な見方をすることが重要だろう。例えば，理系の人間が就く仕事について考えてみる。**図表9-3**は，大学の理系学部を卒業した女性の就職先に関する調査結果である。農学部出身の場合，製造業や卸売・小売業へ行く割合が多い。工学部出身では，建設業，製造業，情報通信業の占める割合が多い。理学部出身についても，やはり製造業や情報通信

---
2) 亀野（2010）p. 28より数値を引用し筆者作成。

第9章　男女共同参画社会におけるキャリアデザイン　125

図表9-3 大学の理系学部卒業者の就職先[3]

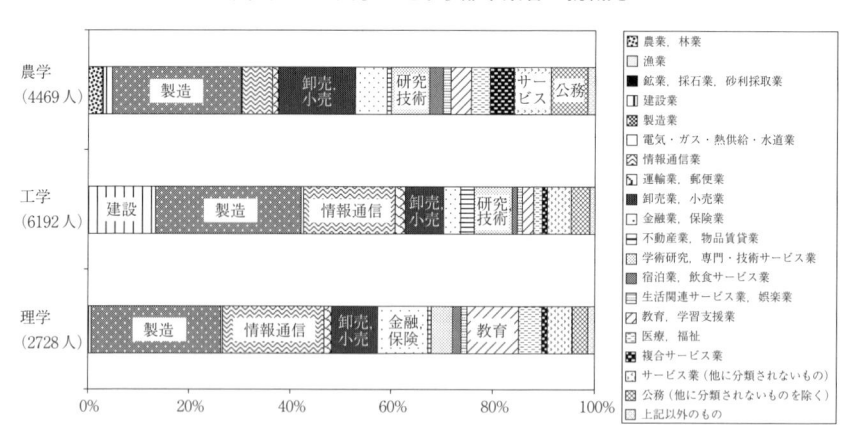

業が高い割合となっている。さらに、ほかの学部と比べて、金融・保険業、教育業へ進む割合が多い。理系出身者の中でも、卸売・小売業、サービス業、金融・保険業というように、理系と関連の薄い業種に就いている場合もある。前節によれば、これは学んだ内容が仕事に活かされていないということになる。しかし、ここで「一見、関連の薄い業種だが、理系の知識や技術を活かすことのできる領域がある」というように見方を変えてみる。そうすると、「理系の進路は、この分野に限られる」という発想から外に踏み出すことができる。これが、「新しいビジネス領域があるのではないか」、「起業という選択肢もあるのではないか」といった発想にまで発展すれば、アントレプレナーシップの養成につながる。

では、理系出身者のキャリアパスは実際どのようなものか具体的に見てみる。**図表9-4**は、企業人、大学の教員・コーディネータ、研究機関の研究員、起業家など、女性社会人91名のロールモデルを基に作成したキャリアパスの例である。女性社会人の専門分野は物理、数学、化学、情報科学、生物、医療、工学と非常に幅広いものになっている。この図では、矢印の形が異なっており、これによって女性それぞれのキャリアパスを区別している。同じ形の矢印を辿ると、同じ女性のキャリアパスを辿っていくことができる。理系の女性のキャ

---

3) 科学技術振興機構（2009）p. 17より数値を引用し筆者作成。

図表9-4　理系女性のキャリアパスの例[4]

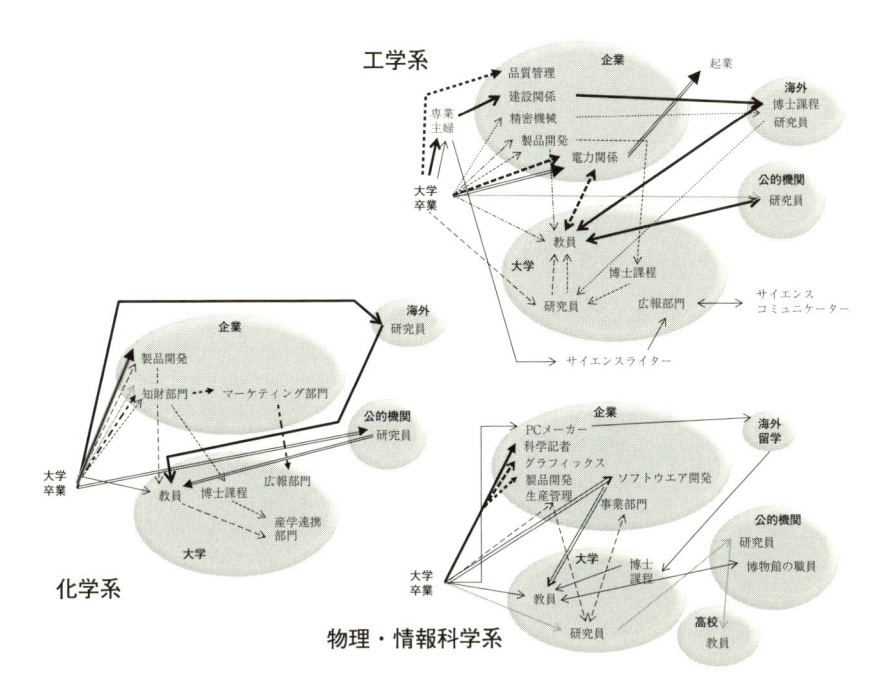

リアパスは幅広く，大学を卒業後，企業に就職するケース，大学や公的機関で職を得るケース，起業するケースがある。このような多様なキャリアパスから，それがアントレプレナーシップにつながり，新規ビジネス領域が開拓され，ひいてはソーシャル・イノベーションが創出される。

❷ 働く女性のキャリアデザイン

2-1 専業主婦でいること，企業等で働くこと

　前節の最後に女性社会人のキャリアパスを紹介した。社会における女性の活躍がより一層重要となっており，ソーシャル・イノベーションを生むためにも，感性豊かな女性のアントレプレナーシップ養成が望まれる。その一方で，「専業主婦になりたい女性が増えている」という調査報告がある。それによると

---
[4]　科学技術振興機構（2011）において紹介されたロールモデルを参考に筆者作成。

図表9-5　専業主婦でいること，企業等で働くこと

	専業主婦	企業等で働く
経済		
育児		
家事		
やりがい		
楽しさ		
ストレス		
健康		

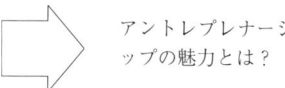

⇒ アントレプレナーシップの魅力とは？

「夫は外で働き，妻は家庭を守るべきだ」という考え方について賛成が51％だった[5]。特に20代男女に賛成が多いとのことである。どちらを選択するかは自由だが，アントレプレナーシップを養成することで，人生をより良くする新しい可能性が生まれるかもしれない。どのような人生を望むにしろ，アントレプレナーシップという選択肢を持つことは有益である。そういった意識を持つためには，まず専業主婦の場合と企業等で働く場合，それぞれのメリットを考えてみるとよい。図表9-5にあるように経済面，育児，人生のやりがい，ストレス，健康などの様々な視点でメリットを整理する。これらと比較する形で，さらにアントレプレナーシップの魅力について考えてみる。

2-2　職場に求めること

アントレプレナーシップを持った女性が自身のビジョンを実現するには，まず企業等で働き，経験やスキルを身につける期間もあるだろう。この期間，自身のキャリアを支える職場環境も重要である。キャリアデザインの全体像を踏まえ，どのようなサポートを職場に求めるのかを明確にしなければならない。例えば，就職活動で内定を受けたA社とB社で，働く女性をサポートする姿勢が異なっていたとする。A社は，女性が家庭で子育てをしながら仕事ができるよう色々なサポートする体制が整っている。一方，B社は，能力や意欲のある女性に重要な仕事を任せたり，責任ある役職に登用したりと女性の活躍を応援

---

[5]　大崎 (2013) pp. 161-162。

図表9-6　働く女性として会社に求める支援

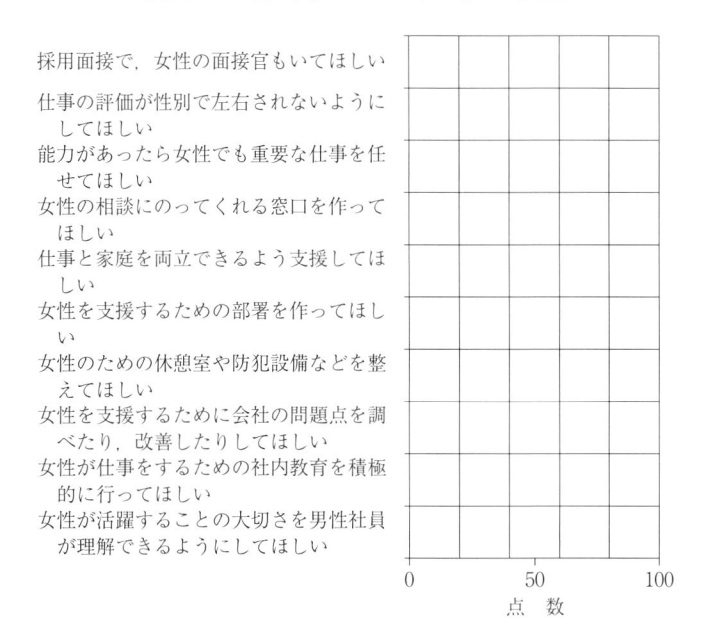

項目	点数
採用面接で，女性の面接官もいてほしい	
仕事の評価が性別で左右されないようにしてほしい	
能力があったら女性でも重要な仕事を任せてほしい	
女性の相談にのってくれる窓口を作ってほしい	
仕事と家庭を両立できるよう支援してほしい	
女性を支援するための部署を作ってほしい	
女性のための休憩室や防犯設備などを整えてほしい	
女性を支援するために会社の問題点を調べたり，改善したりしてほしい	
女性が仕事をするための社内教育を積極的に行ってほしい	
女性が活躍することの大切さを男性社員が理解できるようにしてほしい	

0　　　50　　　100
点　数

Aさんの場合
「自分は重要なポジションでどんどん活躍していきたい」

	点数
重要な仕事を任せてもらう	■■■□□
女性用の相談窓口を設ける	■■□□□
仕事と家庭の両立を支援	■□□□□

している。どちらの会社を選ぶかは，人によって変わってくる。こういったことを明確にするために，次のような自己分析を行うとよいだろう。働く時に会社からどのような支援を受けたいのか，**図表9-6**の各項目についての重要度を100点満点で評価する（図中下の例を参照）。項目ごとにマス目を塗って点数をつけるというものである。

③　キャリアデザイン

本節では，キャリアをデザインする上で，参考となる事例やツールを紹介す

[コラム] 地域企業による働く女性への支援

　福井県では，平成25年度，県内の625事業所に対して"ポジティブ・アクション"（女性の能力発揮のための積極的取り組み）の状況を調査している[6]。図表9-7に調査結果を示す。一番多いのが「採用時の面接・選考担当に女性を含める」で38.9%となっている。次に「女性がいない・少ない職務や役職に意欲と能力のある女性を積極的に配置する」と答えた割合が高い。なお，この図の項目と，図表9-6における「自分が必要とする支援」の項目とは対応関係にある。自身が求める支援が実際にどれだけ行われているか，確認するとよいだろう。また，同県では，女性が活躍するための環境整備に積極的に取り組んでいる企業を「ふくい女性活躍支援企業」として紹介している[7]。このような情報も参考にするとよい。

図表9-7　福井の企業による女性支援の取り組み状況

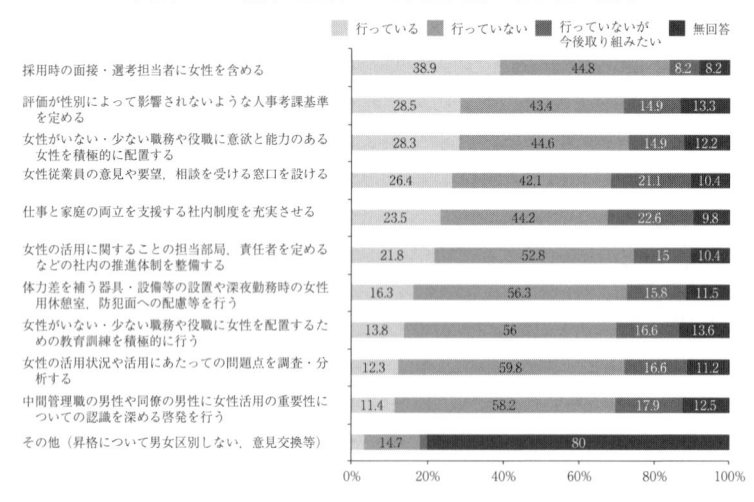

凡例：行っている／行っていない／行っていないが今後取り組みたい／無回答

項目	行っている	行っていない	行っていないが今後取り組みたい	無回答
採用時の面接・選考担当者に女性を含める	38.9	44.8	8.2	8.2
評価が性別によって影響されないような人事考課基準を定める	28.5	43.4	14.9	13.3
女性がいない・少ない職務や役職に意欲と能力のある女性を積極的に配置する	28.3	44.6	14.9	12.2
女性従業員の意見や要望、相談を受ける窓口を設ける	26.4	42.1	21.1	10.4
仕事と家庭の両立を支援する社内制度を充実させる	23.5	44.2	22.6	9.8
女性の活用に関することの担当部局、責任者を定めるなどの社内の推進体制を整備する	21.8	52.8	15	10.4
体力差を補う器具・設備等の設置や深夜勤務時の女性用休憩室、防犯面への配慮等を行う	16.3	56.3	15.8	11.5
女性がいない・少ない職務や役職に女性を配置するための教育訓練を積極的に行う	13.8	56	16.6	13.6
女性の活用状況や活用にあたっての問題点を調査・分析する	12.3	59.8	16.6	11.2
中間管理職の男性や同僚の男性に女性活用の重要性についての認識を深める啓発を行う	11.4	58.2	17.9	12.5
その他（昇格について男女区別しない、意見交換等）	14.7	80		

る。キャリアというと，「複数の分野で様々な経験をし，華々しい経歴で人生を送る」ということを想像する人もいるかもしれない。しかし，1つの道に打ち込んで，その分野を極めるという場合もある。大切なのは，自分の将来像を

---

6)　福井県（2013）pp. 58-59より数値を引用し筆者作成。
7)　福井県ホームページにおいて企業名が公開されている。

図表9-8 キャリアの事例

キャリアの例1
「大学では汚れた水をきれいにする研究を行いました。卒業後，水を処理するための機械を作る企業に就職し，機械を動かすプラントのオペレーターとして仕事をしました。その後，社内の研究部門に移動して新製品の開発を行いました。それから縁あって大学の教育部署に転職し，学生の実践教育に携わっています」。

	大学生	企業（プラント操業）	企業（開発部門）	大学職員
知　識				
技　術				
経　験				

キャリアの例2
「大学では修士課程まで進みました。研究テーマは，重さの異なる粒子を分離する技術に関するもので，装置設計も行いました。修士を出た後，専門を活かして，分離装置を扱う企業に就職しました。装置を設計するとともに，自社で開発した装置を様々なお客様に購入していただくよう営業も担当しています」。

	大学生	企業（装置設計・販売）
知　識		
技　術		
経　験		

記載例

	企業（開発部門）	企業（営業部門）
知　識	無機化学	──
技　術	分析装置の操作	──
経　験	──	お客様のニーズを敏感に感じ取る

はっきりさせて，そこに到達するために必要なキャリアパスを考えることである。様々な分野を経験することが必要な場合もあれば，特定の分野で経験や技術を積み重ねることが必要な場合もある。自分のキャリアは，どちらのパターンに当てはまるのか考えるべきだろう。キャリアの例として，次の2つのケースを紹介する（**図表9-8**）。それぞれのキャリアにどのような特徴があるのか，どのように能力を高めていったのか，図中下の例にならって表の空欄に書き込んでみるとよい。

最後にキャリアデザインを考えるためのワークシート例を紹介する（**図表9-9**）。自己分析（自分の夢，やりたいこと等）を基に，高校生，大学生，社会人

図表9-9　キャリアデザインのためのワークシート

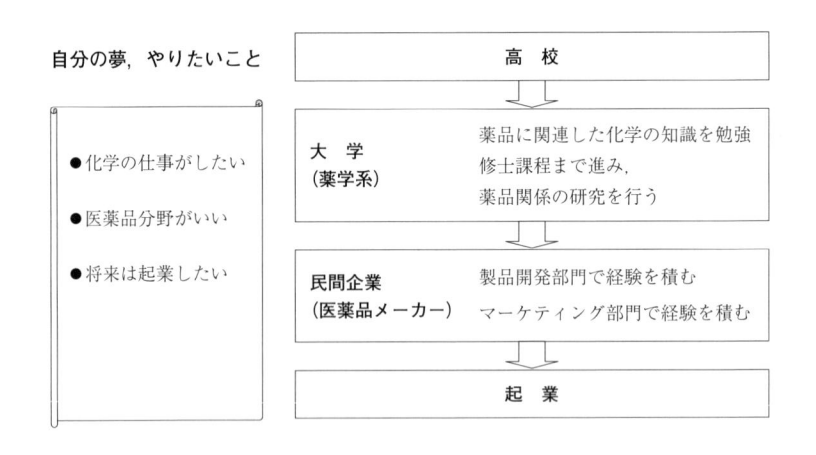

自分の夢，やりたいこと

- 化学の仕事がしたい
- 医薬品分野がいい
- 将来は起業したい

高　校	
大　学 （薬学系）	薬品に関連した化学の知識を勉強 修士課程まで進み， 薬品関係の研究を行う
民間企業 （医薬品メーカー）	製品開発部門で経験を積む マーケティング部門で経験を積む
起　業	

Point 1：どのように戦略的に学び，キャリアパスを構築するか。
Point 2：女性については，企業等で働く際にどのような支援を求めるか。
　　　　 男性については，どのような支援を女性に対して行うか。
Point 3：ソーシャル・イノベーションにつながるか。

と続くキャリアパスをまとめる。当然，必ずしも予想した通りの人生を歩んでいけるわけではない。しかし，具体的に考える習慣をつけることが重要なのである。このような習慣をつけることによって，状況が変化しても，自分が望む将来像を見失わず，かつ柔軟な選択をすることができる。**図表9-9**にならって，キャリアデザインの戦略をまとめてみるとよい。その際，第1節や第2節で述べた論点について，自身の考えを盛り込む。アントレプレナーシップを養成し，ソーシャル・イノベーションをもたらす人材となるための独自のキャリアデザインを考えてほしい。

　キャリア・アントレプレナーシップを養成するためには，戦略的なキャリアデザインを通じてソーシャル・イノベーションをもたらす能力を身につけなければならない。男女共同参画社会におけるキャリアデザインには，男女共同による相互支援も含め，戦略性がより一層必要である。

［課題］

1. 理系学部を卒業後，卸売・小売業，サービス業，金融・保険業に就職するケースがある（1-2参照）。このようなケースでは，理系として身につけた能力をどのように活用することができるのか考察せよ。
2. 働く時に，会社からどのような支援を受けたいのかをまとめよ。**図表9-6**の各項目について，マス目を塗って点数をつけるものとする（＊女性を対象とした課題）。また，これらの項目以外にどのような支援を女性に対して行ったらよいかをまとめよ（＊男性を対象とした課題）。
3. **図表9-8**におけるキャリアの例1，例2について，それぞれのキャリアの特徴を考察し，表中に記入せよ。
4. **図表9-9**にならって，自分の夢・やりたいことを書き出し，それを実現するためのキャリアパスを作成せよ。

［主要参考文献］

1. 経済産業省（2010）「平成22年度産業技術人材育成支援事業「体系的な『社会人基礎力』育成・評価モデルに関する調査・研究」実施報告書」。
2. 亀野淳（2010）「仕事における大学教育の有効性と学生時代の学習熱心度の相関に関する定量的分析」『高等教育ジャーナル──高等教育と生涯学習── 17』。
3. 科学技術振興機構（2009）「女子中高生の理系進路選択支援事業に関する既往調査データ収集作業 報告書」。
4. 科学技術振興機構（2011）「ロールモデル集「理系女性のきらめく未来」WEB版」。
5. 大崎朝子（2013）『女の子の幸福論』講談社。
6. 福井県（2013）「平成25年度福井県勤労者就業環境基礎調査」。
7. 福井県ホームページ「ふくい女性活躍支援企業 一覧」。

第10章 家計とキャリア

――ライフサイクルと給与から見る

　近年，女性のキャリアに注目が集まっている。そこで，女性の視点を中心に，ライフサイクルと給与の視点からキャリアについて説明する。女性の視点から人生やお金について検討することは，ひいては男性にも大きな示唆を与える。

　まず，3世代家庭を例として，3世代のライフサイクルにおける女子の生き方について知り，その中でどのようにキャリア形成，人生設計をしていけばよいのかについて説明する。女子のライフサイクルの中で，「いつ」，「どのように」キャリアを積んでいけばいいのかについて見ていく。

　次に，一生のうちにかかるお金を学びながら，「どれくらい稼ぐといいか」について説明する。皆さんの人生にはこの先，結婚・出産・子育て・住宅購入・老後といったお金のかかるライフイベントがある場合が多い。モデルとなる家庭における生涯収支から，将来の収入を検討し，家庭において誰がどのくらい稼げばいいのか，自分はどのようなキャリアを歩めばいいのかについて，実際に計算しながら考える材料を提供する。

1　ライフサイクルから見る人生

1-1　ライフサイクル

　ライフサイクルという言葉は，もともとは発達心理学で人が生まれて成長し，成人になり，老いていくまでの期間を段階ごとに示したものである。ここでは，家族のライフサイクルについて見ていく。家族には，夫婦，子ども，夫婦の両親等といった構成員がいるが，各人が人生の中で様々なライフイベントを経験

図表10-1　3世代家庭のライフサイクル例

	青年期	30代	40代	50代	60代	70代〜
家族構成		両親 夫 妻 子 子	両親 夫 妻 子 子	母親 夫 妻	夫 妻	
出来事		結婚 第1子誕生 第2子誕生		第1子独立 第2子独立 父親他界	母親他界	
キャリア	就業	産休・育休 職場復帰 or 専業主婦	継続 or 転職・離職	継続 or 転職・離職	定年退職	

し，家庭生活も送っている。その様子を俯瞰し，女性の立場から家族経営の中に自分をどのように位置づけるとよいかを考察する。

1-2　3世代家庭のライフサイクル

　3世代家庭をモデルとして**図表10-1**を作成した。モデル家庭では，30歳頃に結婚をして，2年後に第1子出産し，その後第2子が生まれる。日本で，初婚の平均年齢は，男性が31歳，女性が29歳である。また結婚してから第1子出産までの期間は約2年とした。子どもの人数は，約1.4人である。それから，両親が他界する時期であるが，日本の平均寿命が，男性が80.2歳，女性が86.6歳ということで，それを表に含めた。表の最後の段にキャリアという項目をつけ加えた。

　図表10-1を見ると，家族経営とキャリアが密接に関連していることが分かる。次に女子の視点から家族のライフサイクルと人生設計，およびキャリアについてモデル家庭を参考に考えてみる。

---

1)　**図表10-1**では，厚生労働省『平成25年簡易生命表』，国立社会保障・人口問題研究所『第14回出生動向基本調査』，厚生労働省『平成22年度出生に関する統計』，厚生労働省『平成26年人口動態統計月報年計（概数）の概況』のデータを使用した。

> [コラム] 人生設計とバックキャスティング
>
> 計画や設計する際に，あらかじめ将来の姿を考えておくことを，バックキャスティングという。読者も「なりたい将来」の自分のキャリアについて，30歳の自分，40歳の自分，50歳の自分，60歳の自分と分けて段階的に将来の姿を想像してみることをおすすめする。

❷ ライフサイクルと人生設計・キャリア

2-1 ライフサイクルと女子の人生設計

ライフサイクルは，キャリアを継続させていくのには，いくつかの課題があることに気づかせてくれる。また，人生は予期できないことの連続であり，十分に計画を練っておき，そして，いざという時は，計画を変更してでも乗り切っていかなければならない。

女性の場合には，出産・育児というライフイベントの際，職業への影響がある。育児は必ずしも女性だけがしなければならないものではないが，一定の影響がある。職場に復帰するのか，専業主婦となるか，あるいは転職という道を選択する人もいる。

3世代家庭では，育児に参加する構成員の数は，2世代の家庭よりも多いが，両親の介護という仕事があることも考える必要がある。

このようにライフサイクルには，人生の計画を進めていくにあたっていくつかの課題がある。次に，キャリアに絞って，人生設計を考えてみる。

2-2 ライフサイクルと女子のキャリア

ライフサイクルにおける課題について見てきた。ここではキャリアについてポジティブに考えてみる。女性は男性とは異なり出産イベントがあるため，どうしても職業の中断を余儀なくされる。このことはネガティブに捉えることもあるが，例えば，デュアル・キャリアという考え方を取ることもできる。デュアル・キャリアという言葉は，もともとはスポーツ選手が選手である期間と，現役引退後の2つ（＝二重の・デュアル）のキャリアを持つことに由来している

が，今は女性をはじめ複数のキャリアを持つ人たちにも使用される言葉となってきている。つまり，あらかじめ自分のキャリア設計を複数の段階に分けることができるという風に，ポジティブに捉えることもできる。

③ ライフイベントとお金

3-1 人生とお金

日々の生活で使うお金，「今月はどのくらい使えるか」，などはとても重要な視点である。家計簿というのは，読者も聞いたことがあるだろう。収入と支出のバランスをしっかり考え，毎日の生活をしていくのに役立つものである。さらに，人生には，節目となる出来事があって，それをライフイベントという。次に見るように，ライフイベントにかかるお金は，日々に使うお金と比べると大きく，ライフイベントがあるまでに，しっかり貯金などして備えておくことが必要である。

3-2 ライフイベントにかかるお金

人生とお金の計画を考えてみた時，大きく2つぐらいの資金が必要になる。1つは，ライフイベントの資金であり，もう1つは，将来をつくる資産である。前者の中には，子育て，住宅購入，老後の生活費などが含まれる。まずは，ライフイベントについて見ていく。

一年には四季があるように，人々の人生にもいろどりがある。結婚，出産，子育て，教育，老後。すべての人が同じ人生を歩むわけではないが，人の一生にも大きな節目がある。日本ではだいたい**図表10-3**程度のお金がかかっている。

3-3 将来設計とお金

お金はかかるが，どれもこれから実現したい，あるいは社会人として実現していかなければならない事柄である。

読者はどんな人生を歩みたいだろう。将来を考えてみたくなったら，自分がプロデューサーになったつもりで，人生の計画を立ててみるとよい。それをラ

第10章　家計とキャリア　　137

図表10-2　ライフイベントにかかるお金[2]

ライフイベント	かかる費用
結婚費用	全国平均約423万円
出産費用	約47万円 (出産育児一時金として原則42万円の支給あり)
教育資金	約950万円 (幼稚園～高等学校まで公立，大学は私立の場合)
住宅購入資金	約3321万円(建売住宅)，約3840万円(マンション)
老後の生活費	約22万円(月額・最低限度の生活) 約37万円(月額・ゆとりある生活)

図表10-3　モデル家庭における生涯支出[3]

項　目	支出計算式	小　計
生活費	30万円×12カ月×38年間	1億3680万円
住宅ローン		5000万円
教育費		2000万円
保　険	2万円×12カ月×50年間	1200万円
合　計		2億1880万円

イフプランという。

　では，どうやってライフプランを立てればいいのか。オリジナルなプランを立てることができれば，自分なりの楽しい生活を送ることもできる。また，どうすればプランを実現できるかも見えてくるはずである。それに，お金を稼ぐようになれば，自分でお金を管理・運用して，プランの実現性を高めていくことが大事になってくる。

　もし夢を持つことができれば，それを実現するためにもお金が必要になってくるだろう。

　自己投資もいいだろう。資格を取り，研修を受講したりするのにお金をかけることで，夢に近づくかもしれない。それはとっても大事なことである。お金

---

2) **図表10-2**のデータはゼクシィ『結婚トレンド調査2010 (全国版)』，厚生労働省『第40回社会保障審議会医療保険部会配布資料』，文部科学省『子どもの学習費調査 (平成22年度)』，私立大学等の入学者に係る学生納付金等の調査結果 (平成23年度)』，住宅金融支援機構『平成23年度フラット35利用者調査報告』，生命保険文化センター『平成22年度　生活保障に関する調査』を参照した。

3) モデル家庭の生涯支出には結婚資金や自動車の購入費用などは含まれていない。

[コラム]　給与明細をもらったら……。

　読者は社会人の1年目とする。初めての給料をもらった。勤め先から給与明細（給料の金額等が書かれた紙）が配布される。その時には，通帳の残高だけではなく，給与明細に目を通してみることをおすすめする。

　給与明細には，給料の金額を決めるための勤務日数や有給休暇，欠勤の日数などが書かれている。それから，基本給と諸手当の金額が書かれている。基本給と諸手当の区別は企業ごとに異なっている。また，諸手当には，職能手当と呼ばれる，仕事内容や職務に応じて支払われる手当のほかに，超過勤務等の手当，家族手当や住宅手当等がある。

　また，給料から税金と社会保険料が天引き（前もって引かれて口座に振り込まれること）される。税金には，大きく所得税（所得に対してかかる税金）と住民税（住んでいる市や都府県に納める税金）がある。所得税は毎月引かれる。それを源泉徴収という。1年の終わりに，年末調整といって，その年の正確な課税額が決まり，所得税が確定する。給与所得を受けている人の場合，確定した所得税額が仮の所得税額よりも少ないことが多く，その場合は税金の還付（払い戻されること）がある。

　住民税は，2年目から前年の所得に対して課税されるものであり，給料から天引きされる特別徴収と自分で納付する普通徴収がある。

　以上の天引き，および普通徴収の場合の住民税を引いた金額を手取り額という。

の知識を正しくもってプランを立てた方がよい。

４　生涯収支と働き方

　一生でかかるお金を，生涯支出という。モデル家庭を参照し，一生でどのくらいのお金がかかるかを計算してみる。モデル家庭では結婚をして，子どもは2人いる。家も購入する。また保険にも加入をする。仕事をする期間は38年間として，保険の加入期間は50年間としている。読者の将来の家庭の場合はどうであろうか。

　これからの長い人生でかかるお金がだいたい分かったのではないだろうか。

第10章　家計とキャリア　　139

「ずいぶんと多いな」と感じた読者もいるだろうし，「見当がつかなかったけれど実感が沸いた」という読者もいるだろう。しかし，将来の支出に備えて，これからどうやっていけばいいかについては，不安があるのではないか。これからどうすればいいか，給料からも考えてみる。次のコラムで，給料の中身についても確認する。自分が就きたい職業と収入，家族経営がバランス良くなるよう考えてみればよい。

5 女性のキャリアと収入モデル

5-1 どんな働き方を目指すか？

　職業を選ぶのに，どのような基準があるか。ある調査[4]では，「自分の能力，個性が活かせるから」という理由が1番で，35％程度を占めている。職業選択の上で，自分の適性はすごく大切な要素であるが，家計に目をやってみると，職業と家計のやりくりがとても大事になってくる。ここでは，職業人生の計画について考えてみる。

　前の節で見たように，生涯支出が分かれば，一生でどれくらい稼げばいいかが分かる。それから，家庭での働き手は，必ずしも1人ではない。夫，妻，それから両親（夫妻双方）もいる。どのような組み合わせで家族経営をしていけばよいか，どういう人生を歩むか，今は判断がつかないだろう。そこで，どのくらい稼げばよいかのモデルをつくってみた。

5-2 家庭で誰がどれくらい稼ぐ？

　モデルとなる家庭の生涯支出（**図表10-3**）を単純に勤続年数である38（年）で割ると，576万円（年間の手取り額・ボーナスを含む）になる。この年収を稼ぐために必要な月額は，手取り48万円，額面で約59万円である。現在，女子の大卒初任給は，19.7万円。そして，働き続けることができれば，平均して，約34万円の給与をもらうことができる。しかし，ライフコースによっては，パート労働（短時間労働者）になる人もいるだろうし，管理職に就く人もいるだろう。

---

[4] 公益財団法人日本生産性本部／一般社団法人日本経済青年協議会「平成25年度新入社員の『働くことの意識』調査結果」(2013)。

図表10-4 モデル家庭の生涯収入との比較[5]

```
┌─────────────────────┐   ■自分  (      ) 万円
│   モデル家庭の      │
│   生涯収入          │   ■夫    (      ) 万円
│   手取り48万円      │
│   勤続年数38年      │   ■両親  (      ) 万円
└─────────────────────┘
```

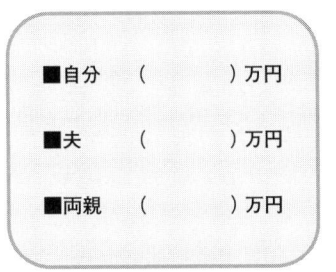

自分，夫，両親それぞれの月収（平均）に勤続年数をかけてすべて足してみよう。総額をモデル家庭と比べてみよう。

どちらになるかによって，月収は異なる。もし月収が，生涯支出に必要な金額に足りない場合は，夫や両親の収入を必要とする。逆に月収が，生涯支出に必要な金額を超える場合には，その他の家族メンバーの収入はプラスアルファの収入になり，モデル家庭よりも余裕のある生活を送ることができるようになるだろう。**図表10-4**に数字を当てはめてみて考えてみよ（ただし，数字は手取り額を書くこと。手取り額の計算はインターネットで調べると様々な計算サイトが出てくる。読者各自で調べてみよ）。

5-3 給料から見たキャリア

　好きなことややりたいこと，また自分の能力に応じた職業選択も重要なことはいうまでもない。後半では敢えて，給料にこだわってキャリアについて考えてきた。課題の2，3の答えから，**図表10-4**に当てはめて考えてみよ（モデル家庭に比べて家族の構成員が異なる場合（結婚するかしないか，子どもの人数等）には，その分の差額を考慮すること）。

　また，人生を70年，80年と考えると，いくつかの節目がやってくる。次のコラムで触れているが，女性には出産イベントがあるので，子どもを産んだ場合には仕事を休む期間が発生する。そのことも踏まえ，女性のキャリア設計は，2重のキャリアと呼ばれることもある。人によっては3重，4重にもなるだろう。

---

[5] 公益財団法人日本生産性本部／一般社団法人日本経済青年協議会「平成25年度新入社員の『働くことの意識』調査結果」(2013)。

給料から，家族経営とのバランスや夫婦の働き方を総合的に考えて，自分のキャリアを構想してみればよい。

[コラム] キャリアの各段階における月収の目安（参考）

　日本の労働者はどれくらい稼いでいるのだろう。正規雇用・非正規雇用問わず対象にしている調査によると，ボーナスを含む平均給与は月約42万円であった（国税庁『平成25年分民間給与実態統計調査結果』より）。初任給の平均が約20万円（厚生労働省『平成23年賃金構造基本統計調査結果（初任給）の概況』より）で，働き続けることができれば，少しずつ収入は上がっていくと考えて構わない。勤めている企業や団体によって，給与体系が異なるので，就職が決まれば機会を得て調べてみよ。また他の章でも紹介されているように，キャリアによって変動がある。パート労働の場合には，約10万円（総務省『日本の長期統計総計 第19章労働・賃金』より），管理職の場合には，約71万円となっているようである（日経キャリアウーマンオンライン「連載コラム　今ドキ女性管理職入門　人生満足度が高い女性管理職はどこに？（2012年4月5日）」より）。

[課題]

1. ライフサイクルにおける出来事（＝ライフイベント）と対処（特にキャリア）について，ライフイベント①（出産）の時の対処，ライフイベント②（育児）の時の対処，ライフイベント③（介護）の時の対処と，時期を分けて考えてみよ。

2. モデル家庭では，夫婦2人と子どもが2人であったが，読者はどのような家庭を持ちたいか。子ども1人あたり教育費を1000万円として計算してみよ。

3. コラムで示した様々なキャリアのおおよその月収を参考にしながら，将来の家庭の月収モデルを考えてみよ。

[主要参考文献]

1. 日本家政学会家庭経済学部会（2003）『多様化するライフスタイルと家計』建帛社．

第Ⅳ部

現代社会の変容とキャリア・アントレプレナーシップ

第11章 **女性の視点が生み出す多様な製品**

―― ユーザビリティやアクセシビリティから生活の快適性を追求する

　色や形にこだわったパソコン，美容家電，電気自転車……。近年，女性のライフスタイルや好みに配慮した家庭電化製品が次々とヒットしている。こうした商品のヒットの背景には，開発現場での女性の活躍がある。彼女たちの視点による使いやすい商品の開発が基になって多様な人々が使いやすい商品の開発へと発展し，私たちの生活をより快適なものにしている。

　自己の生活空間や公共空間など様々な空間や環境における快適性を「アメニティ」と表現するが，アメニティは製品の開発過程において欠かせない概念ともいえる。このような概念を基にした「アメニティ工学」に基づくものづくりを行っていくためには，アメニティを可視化することも必要である。

　この章では，これまで男性中心だった開発現場に女性が加わり，新たな市場と客層を開拓した例から，多様性が生むイノベーション（革新）について考える。

1 開発現場での多様な視点

1-1 現在の開発現場での課題

　電気製品を使っていて「何だか使いにくいな」と感じたことはないだろうか。例えば，DVDレコーダーには好きなジャンルを選ぶと自動的に録画する機能が搭載された機種がある。しかし，そのジャンル選択はスポーツが上位になっていて，ドラマは下位になっていることがある。それはスポーツをよく観る男性が中心になって開発していることが多く，ドラマを観ることが多い女性のラ

イフスタイルに配慮していない結果であると開発現場にいる女性たちは考えている。

1-2　ユーザビリティ（usability）とアクセシビリティ（accessibility）

近年，女性だけでなく様々人使いやすいさを追求することが開発現場において重視されるようになってきた。そこでのキーワードは「ユーザビリティ」と「アクセシビリティ」である。

ユーザビリティとは，すでに存在している製品が指定された目標を達成するために用いられる際の有効さや効率，満足度，使いやすさのことを意味する。例えば，近年スマートフォンなどの登場によって携帯電話が多機能化している一方で，その機能の多さから使いづらいと感じる人もいる。そのような製品を使いやすくすることがユーザビリティの向上である。

一方で，アクセシビリティも使いやすさを意味するが，高齢者や障がいのある人を含む多くの人々が従来使いにくかったものを使いやすくすることがアクセシビリティの向上を意味する。例えば，お年寄りや目の見えない人が使いやすい携帯電話の開発などが挙げられるだろう。また，障がいの有無や年齢の違いに加えて，国籍や文化の違いを問わず利用できる製品，施設などのデザインのことをユニバーサルデザイン（Universal Design）と呼び，多様な人々が使いやすくすることを念頭に置いた製品化や情報提供が近年拡大している。

1-3　開発現場での女性の視点

しかしながら，一般消費者にとって開発現場で実際どのような過程があるかということは見えにくい。そこでこの章では，これまで男性中心だった製品開発に女性の視点を取り入れ，良い製品を生み出そうとしている女性社員たちの活躍を事例にしながら，女性の視点を取り入れたユーザビリティの追求から生み出された商品が基になり，アクセシビリティが考慮された製品を生み出されるようになったプロセスを示す。そこから，多様な人々が使いやすいものづくりが，多くの人の生活の豊かさにつながることを指摘したい。

2　開発現場での女性の活躍

2-1　女性が欲しい製品

　買い物したり，メールしたりとインターネットは今や生活に欠かせないものになったことと，パーソナルコンピュータ（パソコン，PC）やスマートフォン，タブレットの使用者が増加したことは連動している。働く現場の多くでもパーソナルコンピュータは不可欠なもので，自分の手足のように使いこなしていく必要がある。

　パーソナルコンピュータは開発段階から使いやすさに関して注意して作られている。しかし，機能的には使いやすくても，同じような色や形の商品ばかり家電量販店に並んでいることも多い。実際に皆さんがパーソナルコンピュータを買う時のことを想像してみよう。もっと色や形にバリエーションがあったらなあ，とか，かわいいパーソナルコンピュータを持ちたい，と思うかもしれない。

2-2　富士通女性社員の活躍

　富士通「Floral Kiss（フローラル・キス）」というシリーズのパーソナルコンピュータは，「PCにエレガンスを」というキャッチコピーで女性をターゲットにした製品を販売している[1]。その開発過程では，女性社員を主体とした企画・開発チームを組み，これまで取り上げられることが少なかった女性目線の意見を，女性社員が出している。

　パーソナルコンピュータのデザインに関わった女性社員は，製品だけをデザインするのではなく，使っている女性や女性の仕草をエレガントに見せる製品づくりを試みたという。例えば，長い爪でも開けやすいディスプレイ開閉部や，女性が好むオフホワイトの色味にし，会社のマークであるロゴを天板からなくし，熱を逃がす風穴は花柄にするというような細かい点までこだわって作っている。

　このような細かい点にこだわった製品の商品化には，数々の苦労があったという。例えば，工場では他のパーソナルコンピュータと異なる生産ラインで作

---

[1]　『日経産業新聞』2013年6月21日。

> [コラム] クラスター分析
>
> 　クラスター分析とは，クラスタリングやクラスター解析とも呼ばれるデータ分析の手法の1つで，医療，工学，地理，環境など，異なる分野で多く用いられている。市場調査や消費者行動に関するクラスター分析では，様々に異なる性質のものが混じった集団内で似通ったものをグループ分けして集団（クラスター）を作り，対象の特徴や志向性を分析する。このクラスター分析によって，作り手の恣意的な意見による消費者の分類を防ぎ，使用者・消費者の側に立った分類によって，これまでにない製品開発やサービスを可能にすると考えらえる。

る必要があるため，設備投資を含めて生産に費用がかかる。また天板からロゴをなくすことは製品の表面から社名を消すことなので，「社内ルール破り」と捉えられた。しかし，「単に女性が好みそうな色に塗っておけばよいという商品ではなく，女性が心から欲しいと思える商品を作る必要がある」と感じた女性社員らは，女性がどのようなパーソナルコンピュータを欲しがっているかということを示すために，「クラスター分析」という方法を市場調査に用いた。この分析法は商品を選ぶ際に年齢・性別などの統計データだけではなく，「感覚を重視する人」や「流行に敏感な人」というように意識や価値観など共通する特性によって消費者を分類することで，商品を売る対象を明らかにする方法である。このように，これまで用いられてこなかった分析方法を市場調査に用いることで，パーソナルコンピュータの仕様を決める際に説得力を持たせ，最終的な製品化にこぎ着けたのである。

2-3　女性目線が起こしたイノベーション

　パーソナルコンピュータは販売後時間が経つにつれ，次第に値段が下がってくる。しかし，この製品は発売後も値段が下がらず，富士通が売り出している高性能の薄型・軽量パーソナルコンピュータの中でも一番売れる商品になった。[2]

2）『日経産業新聞』2013年6月21日。

安くすることで売るという価格競争ではなく，価値をつけ加える商品（付加価値商品）に挑戦していく道筋を，この製品が生み出したのである。

　このような特定の客層に対象を絞った企画・開発は，女性向けにのみ展開されるのではなく，お年寄りが使いやすい製品の企画・開発に向けても展開されている。特に高齢者や障がいのある人の方が，自立した生活を営む上でインターネットを必要としているのである。このような人々が利用できるようなアクセシビリティへの配慮は，健常者にもより一層使いさや生活の安全を保障することにつながっていくと富士通では考えているという。この製品が契機になり，より多様な人々に向けて使いやすい・使いたいものがたくさん生み出されることが期待される。

[コラム]　イノベーションとは？

　イノベーション（innovation）とは，これまで新しい技術の発明や開発そのものを示すことが多かった。しかし，もともとイノベーションとは，社会を大きく変えていくような「新しい技術」，そして「考え方」が「新たな価値観」を生み出すことに対して使われる言葉である。

　身近なイノベーションの例では，任天堂のWiiは，グラフィックをきれいにしたり細かくしたりすることに注力していたゲーム業界の流れを変えた。Wiiのグラフィック処理は高くないが，身体を用いたゲームを行うことで新しいゲームのスタイルを創出したといえる。また，スマートフォンiPhoneを作るアメリカのアップルコンピュータ社は，製品，製品のタッチパネルなどのインターフェース（接触面），広告などの「デザイン」に徹底的にこだわったことで，アップルの世界観を伝え，多くの人の心をつかみ，生活を変えてきた。

　一方で，イノベーションはスマートフォンの開発のようなハイテクノロジー分野だけでなく，携帯電話が使いやすい環境を作ったり，機能を追加したりすることから起こることもある。第2章で述べたように，近年携帯電話の普及が増大しているアフリカ諸国のうちの1つであるケニア共和国では，2011年現在で使用者数が3000万人以上，普及率が72％にも上る。貧困国といわれるケニアでなぜこれほどに使用者が増加したかというと，数円単位という非常に少額なプリペイドカードによる通話料課金方式を導入しているからである。さらに，ケニア政府が2006年にモバイル・バンキングや電子商取引等を

促進するために施策した「ケニアICT政策（Kenya ICT Policy）」も携帯利用者の増大を後押しした。この政策により，SMS（ショートメッセージサービス）を通じてシステムを提供している携帯電話企業の加入者が自身の口座に預金・引き出し・その残高を別の同企業の加入者に送金することを可能にした。これは，金融機関が利用しにくい貧困層や牧畜民にとって，画期的なシステムになった[3]。現在ではサバンナの真ん中で牧畜民が携帯電話で友人らと話したり，携帯電話を使って家族に送金を行ったりしているのである。

　このように生活者の思考や生活の形式を丁寧に読み解き，現在の製品やその流通の限界点を明らかにすることで，イノベーションに至る過程を明らかにしてみると，必ずしもハイテクノロジーな技術だけがイノベーションを可能にしているわけではないことが分かる。その点で，数量的な調査に加えて，様々な人々が生活する社会に出て，実地に質的な調査を積み重ねることも大切なのである。

［インタビュー］　やめないから今がある

（ヒヨコヤデザイン）田中日奈子さん

　田中さんは，短大でデザインを勉強した後，印刷会社の勤務を経て，ヒヨコヤデザインという事務所を福井市で立ち上げた。

　彼女の仕事内容は，専門用語でいうと「グラフィックデザイン」「イラストレーション」「エディトリアルデザイン」。分かりやすくいうと「伝えたいことを，より分かりやすく伝えるお手伝い」をすることである。

　これまで彼女が請け負った仕事は，例えば老舗店のリニューアルに伴うパンフレット制作などがある。その店の長年にわたる職人の誇りと，それを受け継ぐ4代目の人柄を紙面に表現し，お店の新しいイメージになるように心がけて作成したという。また，デザインだけでなく，キャッチコピーも自身で制作することもある。パッケージロゴや店舗ロゴは，クライアントの思いが，見た目にきちんと反映して伝わることを意識して作成していると彼女は話す。このようにデザインの面から，商品の良さが消費者に分かりやすく伝わるようにすることは，近年の製品開発現場でも重視されていることだ。

　最近では小学校で「働くこと」について考えてもらう「アントレキッズ」という講座の講師を務めたという。彼女はそこで自身の仕事を活かして名刺

3）　湖中（2012）pp. 207-226。

を作るワークショップを開いた。
　名刺といえば，自分の会社，所属や仕事内容が書かれているものである。通常は自分で自分の名刺を作るが，小学校では隣に座っている友達のものを互いに作る。相手の特徴などをうまく伝えられる名刺を作れるように，まずお互いの良いところを聞き出し，それを言葉や絵にして名刺に仕上げたという（このワークショップを展開させた教室内でのフィールドワーク例を第2章に掲載）。
　田中さんはワークショップを通じて，改めて「働く」ことについて考えたという。彼女は以下のように語る。「同じく個人で事務所を立ち上げている友人と，働くって何だろうねと考えました。私が若い頃は，何にも考えていなかったかもしれません。でもやめないから今があって，色んな人に支えられて今働いていると思います」。
　キャリアは，自分とまわりの人との関係から成り立つこともある。自分のキャリアについて考える人にとって，これまでの様々な経験，そしてこれからの経験するであろう多くの出来事は必ず自分のキャリアに活かされるだろう。

3　生活の快適性を求めて

3-1　アメニティ（Amenity）という考え方
　製品のユーザビリティやアクセシビリティが向上することで，多くのものから構成される生活環境自体の快適さにもつながる。このように，自己の生活空間や公共空間など様々な空間や環境における快適性を，「アメニティ」と表現する。このアメニティはこの章で指摘したように，製品の開発過程において欠かせない概念になっていくと考えられる。

3-2　日常生活から考え直す「使いやすさ」と「アメニティ」
　これまで「アメニティ」は，居住空間の快適性を求める都市計画や環境行政における公害対策において重視されてきたことから考えると，実はすでに身近な生活の中にある。この概念を用いた「アメニティ工学」による製品開発を今後積極的に行っていくためには，「アメニティ」を可視化する作業が求められ

第11章　女性の視点が生み出す多様な製品　　151

るだろう。

　一見言葉や形にすることが難しいと思われる「快適性」という感覚を可視化することは，身近な「もの」「こと」について題材にして考える癖をつける必要がある。例えば，「家の中の快適性」について考えるために以下の練習を行ってみよう。

ワークショップ：家の中の「アメニティ」はどこにある？

「アメニティ」を可視化するために，まず自分たちの身近な場所の快適な「もの」「こと」について以下のプロセスから考えてみよう。

① 家の中で自分が一番快適だと思う場所はどこですか。その理由は何ですか。
　回答例
　場所：リビングのソファ
　理由：ソファでうたたねすると暖かくて気持ちいい

② 家の中で自分が一番快適ではないと思う場所はどこですか。
　回答例
　場所：お風呂の脱衣所
　理由：寒いから

③ ①②に共通することから，家の中の快適さは何に起因しているか考えてみよう。また，快適でない場所を快適にするための解決策について考えてみよう。
　共通する点：暖かさや寒さ→快適さには温度が関係する
　解決策：家の中の温度が一定であれば快適になるのでは

　このように，現在使われている身近なものの「好きな点」「良い点」を思い起こしながら書き出してみることから始めてみると，それが「快適性」につながっていることが分かるだろう。そして，そのものが使われている状況や使い方をよく観察し，加えて使いやすい点や使いにくい点はどのようなところか考え，疑問を持ち，または批判的に見直していくことでさらなる「快適性」について追求することができる。

3-3　多様な視点が活かされる製品づくりに向けて

　これまでの製品の開発は男性が中心になって進められてきた。しかし，そこから生み出された製品は，性別や年齢に関係なく多くの人が使うことを考えると，男性だけでなく，女性や高齢者，障がい者，さらには外国人の視点も必要になる。このように多くの人々の視点を盛り込むことで，社会と技術の最適なつながりが形成されると考えられる。

　もしも今，「女性だから男性が多い工学系の世界に入っていくことに躊躇する」と考えている学生がいるとすれば，彼女らの視点こそが重要であり，使いやすさやアメニティの追求を通じて彼女らが活躍できる場所がこれから広がっていくだろう。

[課題]

1. あなたが普段使っている製品，普段生活している生活環境の中で，不便に感じていることがあれば挙げてみよう。
2. あなたが「あったらいいな」と思う製品や製品の機能について2点挙げてみよう。またその製品や機能を開発するためには，どのような人たちとの意見や協力が必要か考えてみよう。
3. 商品開発，企画の現場では，男性以外にどのような人たちの意見が必要だろうか。3点挙げてみよう。

[主要参考文献]

1. 『日経産業新聞』2013年6月21日第4面「富士通　女性目線，パソコン開発に」。
2. 湖中真哉（2012）「第9章　アフリカ牧畜社会における携帯電話利用——ケニアの牧畜社会の事例——」杉本星子編『情報化時代のローカル・コミュニティ—— ICTを活用した地域ネットワークの構築——』国立民族学博物館調査報告106, pp. 207-226。

第12章 女子文化とビジネスの形
──自分の好きなことを仕事にする

> 女性の社会進出が進み，働く女性が増加したことで，自分で収入を得ながらパーソナルな消費生活を楽しむ女性が増えている。マンガやアニメなど日本のサブカルチャーが世界的に評価される中で，このように経済的，社会的に自立した「女子」をターゲットにした文化やそれに関連するマーケットに向けたビジネスにいま大きな注目が集まっている。
>
> こうした女子文化をけん引しているのは，消費者と同じ目線から趣味など好きなことを仕事にした女性の存在である。本章では漫画家を目指す女性と，彼女たちの夢を応援する人たちの関係や役割の理解を通して，趣味としての女子文化がどのように仕事への意識につながっていくかについて考える。

1 女性の社会進出と女子文化

1-1 女子の定義

わが国における女性の一般的なライフキャリアにおいては，高校や短大・大学を卒業してから正社員として一度就職し，そして結婚を機に退職した後は専業主婦として出産・子育てを中心に家庭の中で過ごし，さらに子育てが落ち着いた40代にパートタイマーとして再び社会復帰する，このようなM字型カーブ（第8章を参照）に代表される，パートナーや子どもなど家族を中心にした就業構造が一般的であった。

ところが女性の社会進出がだんだんと進み，適齢期となっても結婚しない，あるいは結婚に関係なく働く女性が増え，自分で収入を得ながら消費を楽しむ

図表12-1　代表的な女子文化

女子力	いつまでも「自分らしく」いる力，つまり「女子」でいられる力である。
女子会	「女子」のキーワードは「つながり」。女子会はそのつながりを作る重要な「場」だといえ，またその場が新たな創造や市場の源となるケースも多い。
山ガール	アパレルブランドなど商業資本が主導する○○女子の1つ。こうした分野では，関連産業による市場展開がジャンルの発展と両輪関係にあるといえる。
腐女子	文系○○女子の代表格。今や「女子」は，消費・生産の両面において少年誌をはじめとした各種漫画雑誌を支える重要な存在となっている。
カメラ女子	従来はマニアによるネガティブな趣味の1つと考えられていたが，近年では「女子」カメラ愛好家が増えたことで業界全体のイメージが変化している。
鉄子	今注目を集める鉄道好き女子。写真専門の「撮り鉄」や乗車専門の「乗り鉄」などが存在するが，夫婦や親子で同じ趣味を楽しむケースも多い。

大人の「女子」が増えている。つまりこの章で述べる女子とは単純な年齢の話ではなく，自分らしくいることを目指し，社会的・経済的に自立した女性のことなのである。

こうした女性のキャリア環境の変化と「女子」の登場が，新たな流行やマーケットを生み出し，それは女子力や○○女子と呼ばれるような，女性ならではの女子文化を生み出すことで，年齢にとらわれない大きなパワーや新しい文化，そして新たなビジネスの源となっているのである。

1-2　世界に広がる日本の女子文化

世界と日本文化の関係を語る上で重要な国はフランスである。その始まりは幕府が正式参加した1867年のパリ万博であり，マネなど当時の印象派の画家に大きな影響を与えたジャポニスム（日本趣味）の一大ブームを巻き起こした。そして現在，アニメや漫画だけでなく，「カワイイ」が世界共通語化しつつある日本の女子文化，そして2013年にユネスコ無形文化遺産に登録された「和食」など，今日の日本文化はクールジャパンと呼ばれ，単なる文化発信の枠を

越え，産業として世界に輸出されるまでに成長している。その中で特に注目されるのが，漫画やアニメなど日本の最先端のポップカルチャーをパリに集めて開かれるJapan Expo（ジャパン・エキスポ）である。年々増加する参加者は2012年には20万人を超え，そこでは日本の女子文化もサブカルチャー[1]ではなくポップカルチャーとして紹介され，21世紀のジャポニスムをリードしている[2]。

② 女子文化を牽引する文化系女子

2-1 文化系女子に見られる女子文化の特徴

2000年代以降に見られる女子文化隆盛の背景には，それまでマスコミが大々的に扱ってこなかった，例えば文化系女子[3]のようなそれまで内向きだったジャンルが外向きに発信され，一般にも認知されるようになったことがある。例えば，男性同士の恋愛や複雑な人間関係を扱った「腐」は，今やサブカルチャーにおける主要ジャンルの1つとして認知されている。これを牽引するのがいわゆる腐女子であり，女子文化そして○○女子を代表する存在の文化系女子だといえる。

文化系女子の社会的影響力は想像以上に大きい。例えば，それまで一般に若い男性向けとされていた少年誌と少年漫画は，文化系女子の流入によって拡大・多様化し，少年漫画は以前と違ったものへと変貌しつつある。インターネットの時代の中で，文化系女子は同じ趣味や考えを持つ仲間とつながり，新しい文化や価値，そして市場を生み出しているのである。

このような文化系女子に見られる女子文化の特徴は，マス・メディアが一方的に情報発信する従来のポップカルチャーとは違い，発信する側と受信する側

---

[1] サブカルチャーという言葉は，ハイカルチャーあるいはメインカルチャーに対抗する文化，あるいはオタク文化として広義に，そしていずれも非主流派文化の意味合いで用いられてきた歴史がある。しかしそれらはいずれも大衆化し，今日ではポップカルチャー（大衆文化）として認識されつつある。こうしたサブカルの定義とその変遷については，宮沢 (2014) pp. 9-15などを参照されたい。

[2] アジアやヨーロッパ，そして中南米のラテン文化圏では，日本のサッカー漫画を読んで世界的選手となった例も多い。他方でフランスと並ぶ文化大国アメリカでは，クールジャパンはそれほど大きな評価と認知を得ていないという指摘もある。三原 (2014) pp. 115-183を参照。

[3] 文化系女子とは，文化系の趣味に，趣味の域を越えて熱意を注ぐ女子のことである。そのディティールについては湯山 (2014) が詳しい。

［インタビュー］　やらないと何も始まらない

専門学校生（マンガコース）　K・Rさん

　趣味を仕事にしたいという願望は誰しも抱くものであるが，それが具体的な進路としてイメージされる機会は少ない。専門学校生のK・Rさんも，当初は漫画家志望ではなかったという。どのようなきっかけで漫画家を目指したのか。

　「漫画家を目指したきっかけですが，もともとはアニメが大好きで，小学校からずっと3大少年誌（ジャンプ・サンデー・マガジン）を読んでいました。高校生の頃に漫画雑誌の編集者になろうと思って，今の専門学校に入りました。

　最初は編集者を目指すコースに入っていたのですが，授業の一環で目標にしていた雑誌の編集者の方に作品を見てもらう機会があって，編集部とのつながりを持ちたいなと思って。それで初めてちゃんと漫画を描きました。1度雑誌に読み切りが掲載されたので，次回掲載を目指しているところです」。

　最初は編集者志望だったというK・Rさん。進路を変更することになったきっかけについて伺った。

　「どちらかに絞るという話になって，編集者はなろうと思ってなれる仕事だけど，漫画家は絵が描けないとなれないと思ったので」。

　続いて，実際に漫画家に挑戦してみてのやりがいや苦労について伺った。

　「やっぱり（読み切りが）掲載されたことです。苦しいのは常にです。新人なので編集の方は絵にはあまり厳しくないのですが，その前段階のネームやプロット（物語の骨組み）が全ボツになることがあって。あと原稿のクオリティが，自分も担当の方も満足できるレベルまで追い付かないときは精神的に本当に辛いですね」。

　「好き」を目指すべき仕事にするためのポイントはどんな点にあるのだろうか。

　「仕事ですから，やっぱり好きなことばかりできるわけじゃないです。だから，自分を過信せず目の前のことを一生懸命，漫画だったらとにかく描いてください！　何事もやってみないと始まらないと思います！」。

が同じ視点に立ち，フラットな関係の中でお互いを「承認」して「つながる」ことにある。

2-2　2次創作に見る文化系女子のつながり

　前項で例に挙げた「腐」は一種の妄想的ジャンルだといえる。例えば，サブ

図表12-2 コミックマーケットの会場と女性向け同人誌

カルに興味を持つ文化系女子には，妄想の元となる漫画やアニメを出発点に，それを題材にした漫画や小説など2次創作の同人誌を書く著者とそれを読む読者が存在する。1次創作とはオリジナル作品のことであるが，2次創作とは単にオリジナル作品へのオマージュではなく，1次創作の価値を共有する仲間に対するつながりの意味合いが含まれている。そうであれば必然，文化系女子にはこの「好き」を共感する仲間の交流の場が必要となる。こうした創作を通じた交流の場として最も有名なイベントが，「コミックマーケット（コミケ）」と呼ばれる同人誌即売会である。コミケは今や60万人近い参加者を集める世界有数の交流イベントに成長を遂げているが，その名が示す通り一種の市場である点に特徴がある。

2-3　サブカル市場の発展と趣味と仕事の接近

　インターネットの普及などを理由に，1990年代以降の漫画業界は出版不況に陥っている。しかし，ほぼ同時期におけるコミケの爆発的成長に見られるように，2次創作の市場が拡大したことで，その一階部分ともいえる商業誌は質的に大きく変化している。例えば，コミケで趣味の範囲で漫画を書いていた者が，漫画雑誌編集者の目に留まって1次創作を連載するプロ作家に転身する例が相次ぐなど，サブカル市場が成長拡大することで趣味（2次創作）と仕事（1次創作）の領域が接近してきているのである。

［インタビュー］　自分で選んだ仕事だったら，乗り越えられる

専門学校生（マンガコース）　S・Sさん

　漫画家は子どもに人気の職業であるが，進路選択の段階でそれに向かって具体的なアプローチを試みる者は少ない。専門学校生のS・Sさんは当初漫画家になるなど考えもつかず，普通に就活をしていたという。どんなきっかけで漫画家を目指したのだろうか。

　「小学校の時から漫画が大好きでした。だけど『漫画家になりたい！』という夢があったわけではなく，商業高校に入学してそのまま普通に就職するつもりで就活をしていた時に，このまま一生ただお金のためだけに働くのかと考えました。その時，それまでは漠然としたイメージだった漫画家を『仕事』として考えました。それで専門学校へ入りました。将来は少年誌に連載して有名になりたいです」。

　大きな夢を持つS・Sさん。他業種への就職活動の経験が，結果的に進路として漫画家を考えるきっかけになったという。ではなぜ少年漫画のジャンルを選んだのだろうか。

　「私は女子ですが，男の子が読むような熱い漫画が好きです。だから男女問わず熱くなれるような漫画を描きたいと思っています。でもプロットは熱い話やバトルだけじゃなくて，いつも3種類ぐらい出しています。まだ駆け出しなので，担当編集の方が出したプロットの中で，ラブコメがいいねといわれたらいい経験になると思ってがんばって書くようにしています。在学中にM誌とR誌の新人賞で計3回奨励賞に入りましたが，今後は担当編集の方とやり取りを続けて連載を目指します」。

　「好き」を仕事にしたいと考える若い方へ，S・Sさんにその秘訣を伺った。

　「仕事ってこれから何年もしていくことだと思うからきっと辛いことも多いですよね。でも好きなこと，自分で選んだ仕事だったら乗り越えられます。せっかく自分の人生なんだから，好きなこと，やりたいことをやった方が後悔がなくて良いと思います」。

③ 女子文化における「好き」と仕事

3-1　消費（受領）する側から供給（提供）する側への変化

　本章の冒頭で，女性の社会進出が進むことで消費を楽しむ女性，つまり大人

の「女子」が生まれ,また増えていることについて触れた。つまり,この章で述べる女子とはある特定の文化的価値観を持つ女性のことで,女子文化とは共通の価値観を持った女子が集まるクラスターであり,セグメント(細分)化された市場だと考えることができる。

女子文化としての「好き」を仕事にするということは,それら女子文化の市場に単なる消費者ではなく生産者の側に立って参加し,そこで共通の価値に基づいた商品やサービスを消費者視点から提供するということである。

3-2 自分の趣味と仕事の視点

趣味をただ仕事として置き換えるだけでなく,消費者とは反対の立場になるということは多くの点で違いや困難が存在する。

例えば今,あるスナック菓子の市場価格が100円だとした場合,消費する側であればスーパーなどで様々な種類のスナック菓子が容易に選べ,気に入った商品をレジに出して100円を支払えば簡単に手に入れることができる。

では逆の立場ではどうだろうか。例えば,スーパーの中だけでも商品を並べて売る店員,売れ筋や原価を考えてメーカーや問屋から商品を仕入れるバイヤー,そのメーカーでどんな菓子を作るか考える企画社員,そのCMなど広報を手がける社員,実際に工場で材料を菓子に加工する社員,その材料を作る農家,その種子や肥料に関わる種苗・肥料メーカーの社員など,たった1つのスナック菓子の裏側にもたくさんのプレイヤーがいて,それぞれに仕事が存在する。さらに同じ売り場には同様の菓子がところ狭ましと並び,その中で消費者に選ばれる商品を提供することはまさに「命懸けの跳躍」[4]なのである。

厳しい漫画業界の競争を勝ち抜くキーワードが,消費者としての「好き」である。インタビューで紹介した漫画家志望のS・Sさんのように,一消費者として「好き」であるからこそ,生みの苦しみを前向きに捉えることができ,また消費者がどのような商品を求めているかについて主体的に理解できるのである。つまり同じ価値観を共有するつながりがあって初めて,ある種の確信を持った作品づくりを,そしてマーケティング戦略を取ることができるのである。

---

4) 詳細は石井淳蔵『ブランド』(1999) pp. 139-174を参照。なお商品流通におけるこの言葉の原典は,いうまでもなくマルクス『資本論』である。

> ［インタビュー］　何でも続けることが大事！　夢の延長線上に仕事がある！
>
> （大原学園福井校　マンガ・イラスト系コース担任）　明城千佳子さん
>
> 　福井の専門学校で唯一のマンガコースで担任をしている明城さん。「好き」を仕事にしようとする心構え，それをサポートする仕事の魅力について伺った。
>
> 　「子どもの頃から漫画やイラストを描くのが好きだったのですが，大学進学にあたって福井県内で絵に関することが学べるということで，美術教育の学科に進みました。大学で様々なことを学ぶ中で，自分には漫画やイラストよりもデザインの方が向いていることが分かりました。学んだことを最も活かせる仕事ということでデザインの教員になりましたが，漫画・イラストにも通じているということからマンガコースの担任を任され，今に至ります。
>
> 　がんばっている学生さんを見ていると自分もまた描いてみたいと思いますが，今はここで，福井を代表するプロ作家を育てたいという思いが強いです。初めは単に，漫画やイラストが好きだからと入学してくる学生が多いのですが，授業や課題に打ち込む中で『仕事にすること』を強く意識するようになります。そうなると心構えや顔つきが変わってきますね。『場』が人を育てるという言葉がありますが，本当にそうだと思います。何かに一生懸命打ち込むという『場』が就職や将来につながると思いますね。夢を夢として語らず，取り組み続けた延長線上に仕事があります。何かに打ち込んだことがある人は何をしても強いですよ」。

　その中で，こうした作り手の飛躍の機会に重要な役割を果たすのがメンターと「場」の存在である。先のインタビューで紹介した，漫画家志望の学生のチャレンジを見守る担任の明城さん，そして同じ価値観と目的を共有する者が集まる専門学校のような「場」の存在が，趣味である「好き」を仕事に変えるきっかけと推進力になっているのである。

3-3　女子文化における仕事の誕生

　今この瞬間にも様々な女子文化が生まれ，女子文化はその「つながり」から社会経済に大きな影響を与えている。その中で女子が持つ「好き」という強い

価値意識とその共有が，単なる趣味を仕事へとつなげるポイントだといえる。

　ところで，インタビューで紹介した漫画家志望のＳ・Ｓさんは，自身が好きな熱い少年漫画を自分自身の手で描きたいという点で，「好き」が漫画家という仕事に直接的につながっているように見えるかもしれない。しかし一般企業への就職活動をしていなければ，漫画家という仕事を具体的に意識することはなかったであろう。就職活動という「場」が，「好き」を仕事として意識する気づきになったのである。Ｋ・Ｒさんは当初は漫画雑誌の編集者を目指していたが，専門学校における作品発表の「場」があったことで，漫画家を自身の仕事として捉えるきっかけになったといえる。そして，こうした漫画に関係する仕事を目指す学生の「場」は，メンター的役割を担う明城さんのような存在があって初めて機能するといえる。その明城さん自身も漫画家を目指した経験があって現在の仕事に就いているが，これもまた，「好き」を仕事にする1つの形であるといえる。

　このように女子文化，例えば漫画に関係する仕事にもたくさんの選択肢と選択の機会がある。その中で単なる趣味を越えて，「好き」を仕事にして自己実現を図るには，①気づきときっかけ，②メンターの存在，③それらがつながる「場」の存在が重要である。

［課題］

1. あなたの趣味や「好き」を3つ挙げなさい。
2. そのうち1つを選び，その背景にある産業や市場の特徴について説明しなさい。
3. それに関係する仕事を5つ以上挙げなさい。
4. あなたの「好き」が，①どこで，②どうすれば仕事につながるかを書きなさい。
5. あなたのチャレンジを応援してくれる人について，家族と友達を除いて2人挙げなさい。

[主要参考文献]

1. 杉浦由美子（2006）『腐女子化する世界』中公新書ラクレ。
2. 馬場伸彦・池田太臣編（2012）『「女子」の時代！』青弓社。
3. 三原龍太郎（2014）『クール・ジャパンはなぜ嫌われるのか』中公新書ラクレ。
4. 宮沢章夫（2014）『NHK　ニッポン戦後サブカルチャー史』NHK出版。
5. 湯山玲子（2014）『文化系女子という生き方』大和書房。
6. イオン（2011）『夢のために』非売品。

第13章 ゆるいコミュニケーションとマニアックな市民

――「おしゃべり」の解放が，地域社会の日常を面白くする

> インターネットの普及や消費社会の成熟によって，少数派の独特な趣向やニーズが表面化されるようになり，「マニアックな市民」が台頭してきた。地域社会においては，かつて「週末」を賑わせてくれた大規模な娯楽施設や商業施設は廃れ，時間や場所に関係なく楽しめる日常的なサービスが増えつつある。
>
> これらのサービスは多様で，「マニアックな市民」によって自由に加工・編集できることも多く，無限の「楽しみ方」を生み出して世界中に発信されることもある。しかし，この変化を地域社会に根づかせ日常生活を面白くしていくためには，これまで学校や会社の中で当たり前だった様々なコミュニケーションを見直さなければならい。無目的にダラダラと話し合える「おしゃべり」を日常に解放するなど，興味や関心，不満や違和感などをゆるやかに共有し，そこから生まれる変化や気づきを広げていく「ゆるいコミュニケーション」が求められる。

❶ 「マニアックな市民」の台頭

インターネットが普及する以前，学校のクラスメイトの半数以上が，ある同じテレビ番組を毎週欠かさずに見ていたとしたら，休み時間はその話題で持ちきりであった。視聴率の低い深夜番組を見るクラスメイトが数名いたとしても，それは少数派の好みとしてほとんど表面化されなかった。つまり，「ないも同然」の状態である。マニアックな好みを持った少数派は，そのままでは孤立し

てしまうために，やむをえず多数派の好みや意見に同調することとなる。このようにして，過半数が支持するものは「みんなが求めているもの」であるとされ，画一的な価値観に染まった「横並びの市民」によって，地域社会の様々なコミュニティが形成されていた。

　しかし，インターネットの普及により，学校やご近所，世代といった物理的・精神的な距離を超えて，自分の興味や趣味の合う人たちと簡単にコミュニケーションが取れるようになる。クラスの中では少数派であったとしても，インターネットを介して世界中から何万人という「マニアックな仲間」を見つけることができる。かつて娯楽の代表格であったテレビ番組も，リモコンの中の数チャンネルから選ぶのではなく，インターネット上に散りばめられた無数のチャンネルに対して，時間や場所に制限されることなく自由にアクセスできるようになった。これには都会も田舎もまったく関係ない。番組や動画を見た感想は，学校のクラスの中で共有できなくても，インターネット上のコメント欄でいくらでもやり取りできる。クラスの友達にメール一本でその動画をおすすめすることもできる。わざわざビデオテープにダビングして貸してあげる必要もない。私たちはすでに，自由で多様な表現が許され，そして世界中からその仲間を見つけ出してコミュニケーションすることができる，「マニアックな市民」となりつつある。そしてそれは，新しい市民生活の日常と地域社会の形をつくり出す可能性を持っている。

❷　日常の改革——輝きを失う「都会」と「週末」

2-1　消費社会の成熟と変化

　便利な道具が家庭に溢れ，誰もが「そこそこ」のファッションアイテムを身につけ自由にオシャレを楽しむことができ，手元の携帯端末でいつでもどこでも世界中から情報を入手できる時代になった。消費者を取り巻く社会環境は成熟し，市民のニーズは多様化する一方であり，企業や地域社会には常に新しいサービスや革新的な取り組みが求められている。従来の消費社会は，みんなが「欲しい！」と思うような目新しい物を次々と発表し，派手なイベントを企画し，これまでになかった何か「特別なこと」を次々と打ち出すことで，私たち

> ［コラム］　箱モノが廃れた現代社会
>
> 　かつて「週末」を楽しませてくれた遊園地やミュージアムなどの娯楽施設が，近頃は地域社会からほとんど消滅している。わざわざ出かけなくても，インターネットの動画サイトなどで世界中の音楽やパフォーマンスが手軽に堪能できてしまうからだ。また，自宅にいながらインターネットでほとんどのものが購入できてしまう時代になった。よって，大きな商業施設をつくれば必ず人が集まり，そこを中心に街が賑わうというわけでもない。
> 　一部の「究極の非日常」を体験できるようなテーマパークや，大都会の「流行の超最先端」が常に集約された街，何百年の歴史を有するなど，決して他には複製できないような特別な文化財産を持つような場所でなければ，わざわざそこまで出かけていこうとする理由も生まれないのである。

の「仕事をがんばる理由」や「働く意義」をつくってきた。しかし，ある程度のものが日常の中に溢れてしまった現代社会においては，変化が激しく，新しい価値が生活に根づかなければ一瞬で消費され，ほとんどのものが一過性で終わってしまう。

2-2　多様化する日常

　むしろ近年，特に若者たちにとっての消費や娯楽は，従来の「都会」や「週末」にしかなかったような「非日常」の特別なものではなく，連続した「日常」の中に増えつつあると考えられる。携帯端末のアプリケーションで，ちょっとした移動時間にゲームを楽しんだり，友達との何気ないやり取りの中にキャラクタースタンプを用いて微妙な気持ちの違いを伝え合ったりと，場所に関係なく，時間の隙間を彩るサービスが近年爆発的に増えつつある。ユーザー同士がプライベートでマニアックな疑問や質問を投げ合ったり，主婦が自慢の独自レシピを投稿できるようなサイトなども，日常を舞台に急成長したサービスだといえる。このように，日常生活に密着した，ちょっとした面白さや独特さ，心地よさ，便利さなどが求められているのである。地域社会においては，もはや都会のコピーを増やし週末を盛り上げようとしているようなやり方は時代に

合わず，むしろそこに根づく消費者の趣向や，市民の日常的でマニアックなニーズに寄り添っていく必要がある。

　社会環境が成熟した今日の，日常的でマニアックな消費者・市民ニーズとは，果たしてどのようなものなのか。それは，きわめて多様でまとまりがないものである。消費者それぞれ，市民1人ひとりに異なった関心や独特の好みがある。よって，何が売れるか，どんなものが流行るのかも，事前には予測できない難しい時代になった。つまり，「これなら間違いない」という商品やサービスをじっくり考え，手間暇かけて開発したところで，必ずそれが支持されるとは限らないのである。むしろ，未完成の状態で発表したり，消費者やユーザーによって自由に加工・編集できる余地があるようなものの方が，大きくヒットすることも多々ある。ユーザーによって手を加えられたサービスやその「楽しみ方」は，まさに無限のバリエーションを生み出していく。そしてまたそこに，「まさにこういうのが欲しかった！」「こんな楽しみ方があったのか！」という新しい満足を生み出す。その連鎖のスピードはあまりに早く，すでにサービスの企画者や開発者ですらコントロールできるようなものではない。このようにして，従来横並びであった私たちの日常のあり方は，急激に多様化している。

2-3　日常のオーナー

　この変化の激しい「日常」を面白く発展させていくのは，地域社会に生活する市民1人ひとりである。どの地域や街を見わたしても，ある程度便利で，ある程度快適な状態にまで整備されてしまっている。これ以上は，待っていても，行政や企業が次々と新しいサービスや想像を超えた事業を開発してくれたりはしない。しかし，私たちは「マニアックな市民」であることを許され，その日常を自由に加工し，身近なところから面白くしていくチャンスを与えられ始めた。

　「日常」とは，私たちが社会で生活するプロセスそのものであり，私たちはそのオーナー（所有者）なのである。オーナーは，責任を持ってそれを開発しなければならない。様々な苦労も伴う。しかし，その開発のプロセスを通じて，自分自身が成長し，社会生活や職業・キャリアを発展させていくことができる。地域社会における市民1人ひとりの暮らしや人生は，ただ働き，所得を得て，

商品やサービスを消費していくということではもはや満たされず，そしてこれ以上は発展しない。1人ひとりが日常にコミットし，そのオーナーとして積極的に改革し続けることが求められている。

❸ ゆるいコミュニケーション

3-1 「おしゃべり」の解放

　成熟した社会環境の中で，マニアックな市民が地域社会の日常を改革し面白くしていくためには，学校や会社など，社会生活における様々なコミュニケーションのあり方を見直していかなければならない。「こんな変なことを考えたりやっているのは自分だけかも？」というマニアックな発想や特技も，一部には熱狂的な需要があるかもしれないし，その地域を発展させるヒントにつながるかもしれない。しかし，それを身近なところでどんどん発信・共有しなければ，個人的な趣味や娯楽で終わってしまう。これを地域社会というコミュニティの中に根づかせ発展させていくために重要な役割を果たすのが，日常的な「おしゃべり」である。

　休憩時間に友達や同僚とグダグダと無駄話をすることはよくあることだ。身近な友達や価値観の合う仲間とのおしゃべりにも，「なるほど」「それもありかも」といった共感や新しい気づきは生まれる。しかし，「そうだよね」と同調し合うだけで，それ以上には発展しないことも多い。しかし，食事中や帰り道などにたまたま一緒になった上司や先輩など，価値観や世代の違う人たちとおしゃべりする機会があると，当然それはストレスになることも多いが，一方で「そういう見方もあるのか」「じゃあこういうこともありかもね」と話に変化や広がり生まれ，発展することもある。

　重要なのは，目的が明確な仕事の会議や，目標や到達点が決まっている学校の講義の中では，なかなか「いいおしゃべり」はできないということである。おしゃべりは，盛り上がることもあるが，当然何も生み出さず，無駄なことも多い。これを時間やゴールが設定された仕事の会議や講義の中に無理やり取り入れることには，当然ながら反発する人も多い。上司や先生の顔色を伺いながら，ストレスがある環境でおしゃべりを続けるわけにはいかない。前述の通り，

食事中や帰り道など，別に無駄話で終わっても問題がないというリラックス状態でこそ，普段はいえないような悩みや違和感も口にできる。そして，学校や会社の中での役割を超えたユニークなやり取りが生まれ，そこから新しい気づきや発展が時々生まれたりもするのである。

　マニアックな市民の可能性を発揮していくためには，目的や目標などが設定されておらず，時間や立場にも制限されず，リラックスしてダラダラできる環境をつくり出し，最初はただの愚痴や不満からでもいいので，おしゃべりを解放していく必要がある。そして，この一見無目的で非生産的な「ゆるいコミュニケーション」の中から，新しい変化と広がりが生まれてくる。

3-2　達成よりも，変化や広がり

　ゆるいコミュニケーションを促すには，個人を1人ひとり切り分けて捉えている従来の教育・評価システムや会社の組織マネジメントを見直す必要がある。衣食住が不十分な貧しい時代においては，その欠乏を満たすことがとても重要なので，隣の人間を蹴落としてでも競争して良い評価を得るということに必死になれた。しかし今の日本社会は，まだまだ様々な問題が指摘されてはいるものの，世界的に比較すれば，社会環境はかなり整備され充実している。つまり，誰もがある程度人間らしい暮らしができる環境であり，若者の多くは，「これが足りないから何が何でもがんばらなきゃ」というハングリー精神はほとんど持ち合わせていない。よって，ただがむしゃらに競争して評価を得るという行為には，ほとんど意味を見出せない。

　一方で，人間はさらなる成長や発展を求め続ける。変化し，成長し続けることを無意識に欲する。しかし，学校や会社は相変わらず目標達成を過剰に重視してしまっている。ここには大きなギャップやズレが生じており，目標を「達成」して，ある程度の評価や報酬がもらえても，「何か違う」と違和感を覚えてしまう。会社の中でいい給料をもらい，社会が認める立派な仕事をしていても，「意味もなく達成しているだけだ」と，消化試合をこなしているだけのようなネガティブな気持ちになってしまうことも多い。

　成熟社会の私たち「マニアックな市民」の1人ひとりは，与えられた目標を達成することよりも，日常的な変化や広がりを求めている。「達成」を先生や

上司に評価されることよりも，日常生活の中で誰かに信頼されて，一緒に学んだり楽しんだりできるような，充実した成長のプロセスを求めている。従来の学校や会社の中で当然のように行われていた，人材育成の考え方や組織のあり方，特に先生と生徒，上司と部下といった上下関係における「かたい」関係とコミュニケーションのあり方を，根本的に見直されなければならない。

3-3 「先生」はいらない

　「かたい」関係を見直し，楽しく学べるゆるいコミュニケーションを促していくためには，「話し手」と「聞き手」といった構図をつくらないことが重要である。一元化された何かを一方的に提供するのではなく，話し合いや活動に参加する1人ひとりが，周囲との関わりの中で変化し，それぞれが持っている多様な何かを拾い合ったり，発揮し合ったりすることが求められる。これは，従来「先生」として確立された役割の人が，「生徒たち」という受け手に一方向的に何かを伝授・継承しようとする学習のあり方とは，大きく異なるものである。

　これが「話し手」と「聞き手」や，「先生」と「生徒」のような構図になると，否応なしに両者に上下関係や主従関係のようなものが発生し，「正解の提供」と「答えの探り合い」が始まってしまう。あらかじめ用意された「1つの正解」に，誰がいち早く辿り着けるのか，といった答え探しのレースは，「マニアックな市民」の学びや成長を阻害してしまう。会議や勉強会を進行する司会者や担当者には，集まったメンバーと一緒に悩み試行錯誤する，というスタンスを持つことが求められる。ここで大切なのは，「一緒に考える」「共に悩む」ことで，「教える」という行為を手放し，出口の場所が分からない迷路に，敢えて一緒に迷い込むという姿勢が必要である。

3-4 「偶然」や「想定外」を排除しない

　従来の社会は，たとえるなら，コップに水をいっぱいにすることが目的であった。しかし，成熟し，多様に変化するこれからの社会は，そこから水が溢れ出て，テーブルに広がってしまっている状態である。溢れ出ていく水がどこに向かうのか，どんな形になり，どう変化していくかは事前には予測できない。

> [コラム]「学び合い」の場
>
> 　ある自治体で，街づくりや若者の市民参画に携わる職員向けのワークショップを行った。テーマは，「価値観の転換」。「教える」から「教えない」へ，「かたい」から「ゆるい」へ。普段地域政策や公共事業の現場に従事する参加者にとっては，180度向きが違うと感じるものだったようである。筆者から参加者への最初の問いかけは，「『教える』のはなぜか？」というもの。ただ，そこには主語も，条件の設定もない。敢えてぼんやりしたテーマを提示した。参加者の1人から，「すみません，何をどう話せばいいのか，分かりません」という質問があったが，「進め方が分からない場合は，同じグループの中の，分かってそうな人に聞いてください」と返した。
>
> 　そこからどんな議論が生まれるのか，どんな条件の設定で，どんな意見が出てくるのか。適当にシャッフルされたグループで進めていくため，進行者の筆者にもまったく分からない。しかし，「教えるのはなぜかというと，相手に押しつけられるほど，自分に自信があるから。いい換えれば，相手には信頼を置いていないことにもなる」というような意見が参加者である自治体職員から出てくるなど，そこから議論は発展した。ワークショップを担当している筆者にとっても，新しい気づきや，思考が整理されたりすることが多々あった。議論がぼんやりしたり，進行がグダグダになったりすることは，会議や勉強会の企画者・進行者にとって，できれば避けたいことかもしれない。しかし，「議論がスムーズに進む」ということそのものには，別に価値はない。ゆるいコミュニケーションの場は，すべての参加者にとっての「学び合い」の場である。

　この予測不能で想定できない変化や広がりというものを，学校や会社は排除しがちである。スタンフォード大学のクランボルツ教授が提唱したPlanned Happenstance Theory（計画的偶発的理論）で強調されているように，日本のように成熟した社会環境における充実したキャリアというのは不確実で，予想できない偶然の出会いや出来事の中にチャンスがある。それなのに，私たちは偶然という不確実なものを仕事や生活から排除しようとしてきていた。

　だが，これからは，その広がって変化していくプロセスを楽しみ，「偶然」や「想定外」を仕事や日々の活動の中にどんどん取り入れていくべきである。

到達点よりも,「今日こんなことが新しく分かった」「もうちょっとやってみたいかも」という前向きな気持ちをつくり出すのは,「何となく自分がそんな気持ちだから」「行ってみたら出会ったから」という直感的で,偶発的なことから生まれることが多い。そして,「自分はいつも何を基準に選んできたか」という自分の感情や感覚を振り返りながら,それをどんどん共有し,楽しんでいくことが必要である。

3-5 「枠」からはみ出て,「反応」を楽しむ

　自由で多様な表現がゆるされる「マニアックな市民」であることが許されつつあると前述したが,まだまだ社会は横並びの価値観が強く,そのマニアックな何かを表現したり具体的に活動しようとしても,「常識」の壁に阻まれることも多い。また,これまでの過度な目標達成指向は根強く,学校や会社の中では,「1つの正解」に向かって行動するように求められることがほとんどである。社会は常に激変し,市民ニーズは多様化する一方だが,「新しい何か」をつくろうとすれば,結果として従来の「正解」から大きく外れてしまうことも多く,学校や会社の評価システムの中で減点されてしまうこともある。つまり,「マニアックな市民」は既存の社会からはすぐには評価してもらえない。

　また,インターネット上には様々な価値観のコミュニティが存在し,個人の自由な表現・発信が許されているが,場合によっては無数のインターネットユーザーから容赦なく批判されることもある。このような評価や批判,評判の目を前にして,私たちは無意識のうちに「これくらいなら正解に近いだろう」「このくらいなら批判されないだろう」という「枠」をつくってしまっている。社会生活を営む上で,安全性を確保するための「枠」は必要であるが,ただ稼いで消費するだけでは満足できないこれからの日常を面白くしていくためには,時にはこの「枠」から積極的にはみ出していける柔軟性が求められる。

　ここで重要なのは,「枠なんかまったく気にしない」ことではなく,「枠」の存在は客観的に認識しつつも,必要に応じて柔軟にはみ出すこともできるというバランス感覚である。当然ながら,法律や普遍的モラルといったはみ出すべきではない,もしくは慎重に考えるべき「枠」はある。一方で,「何となく決まっている」だけの価値観や,「これまでそうだった」というだけの常識など,

はみ出しても本質的には問題がない「枠」もたくさんある。この違いを冷静に理解しつつも，時には批判を恐れずに積極的に「枠」からはみ出してくことが，地域社会での日常生活や自分自身のライフキャリアを発展させていくために必要である。

　非常識であることは，違法であることとは違う。「枠」からはみ出ることは，「悪」ではない。しかし当然，その行為や表現に対しては様々な意見や批判が寄せられる。この時，その「評価」に一喜一憂するのではなく，自分のアクションに対する「反応」をしっかりと受け取り，それを楽しむことが大切である。批判的な意見や辛口の評価に対して，過度に正当性を主張するなどの反論をしなくても，自分なりの考え方や想いを丁寧にやわらかく伝えていけば，興味を示してくる人が現れてくるかもしれない。すべての人たちに評価されなくても，一部の人に深く共感してもらい，しっかりと理解してもらえればよいのである。

［課題］
1. 「マニアックな市民」とはどのようなものか，「マニアックな市民」と反対の意味を持つ市民はどのようなものか，それぞれ説明せよ。
2. 「ゆるいコミュニケーション」とは具体的にどのようなもので，これからの社会や会社組織をどのように変えていくか，どのような影響を与えるか，あなたの考えを述べよ。
3. あなたのこれまでの日常の中で，「何となく決まっている」だけの価値観や，「これまでそうだった」というだけの常識だと思われるものを挙げよ。

［主要参考文献］
1. 若新雄純（2014）「"マネジメント"からの逃走＜第13回＞」プレジデントオンライン（http://president.jp/articles/-/13909）。
2. 若新雄純（2014）「"マネジメント"からの逃走＜第14回＞」プレジデントオンライン（http://president.jp/articles/-/14042）。
3. J. D. クランボルツ，A. S. レヴィン／花田光世・大木紀子・宮地夕紀子訳（2005）『その幸運は偶然ではないんです！』ダイヤモンド社。

第14章 ゲームがもたらす可能性

――ゲームで社会的課題を解決する

> 　読者はゲームと聞けばどのようなイメージを持つであろうか。ゲームは学習に役立つ，世界の様々な問題を解決する，世界を救うかもしれないと述べれば，どのように感じるであろうか。もし違和感を感じたなら，それが「思考の枠」かもしれない。
> 　現代の産業革命ともいえるITが社会に変革をもたらした。ゲームの発展においてもインターネットの貢献は大きいものがある。その影で，ゲームによる影響と考えられるマイナスの社会問題は，報道等でも注目されることが多くなった。ではゲームは本当にマイナスの影響ばかり与えているのだろうか。学習や社会貢献とは別のものなのだろうか。確かに物事は多面性を持ち，ゲームには負の面も存在するが，この章では今後の正の可能性について説明し，読者がゲームを用いて社会を変革するためのヒントにしてほしいと考える。

1　ゲームの概念

　読者は，日常の生活において，遊びのゲームをするだろうか。それはどのようなものを指すだろう。またゲームをしない読者は，「ゲーム」と聞いて，どのようなものを想像するだろう。

　トランプ，麻雀，これらをゲームと呼ぶことに違和感を持つ読者は少ないだろう。では掛け算や割り算などの四則計算のドリルは，ゲームだろうか。違うと感じる読者が多いだろう。では，ゲームと判断したものと，そうでないものの違いは何だろうか。違うと判断したものが「ゲームではない」という根拠を

述べることができるだろうか。

「面白さ」の有無がゲームか否かの違いであると考えた読者もいるだろう。しかし，お笑いやダジャレなど，面白いと感じるもので，ゲームではないとされるものも数多く存在する。意外にこの問いに対する説明は難しいかもしれない。実はゲームにはゲーム性という基準といえるものが存在し，ゲーム性が備わっていればゲームということになるのである。

1-1　ゲーム性の確認とゲームの分類

ゲームには，次の4つのゲーム性のうちの複数が含まれていることが必要である[1]。

(1)　偶然性……乱数などを用いて戦略性を薄める
(2)　戦略性……目的達成への方法の選択肢を用意する
(3)　駆け引き……他のプレイヤーからの影響，他のプレイヤーへの影響
(4)　ストーリー……ゲームの世界観，背景を構成

確かにゲームといわれるものは，多かれ少なかれ，これらの要素を確認することができる。

さて，多くの読者は，トランプや将棋，花札に囲碁，麻雀といったアナログゲーム（テーブルゲーム）の内容を想像できるであろう。この章では，ゲームの可能性を考えるにあたり，ゲームのもう1つの分類であるデジタルゲーム（コンピュータゲーム）について，初めにその内容を説明する。

代表的なデジタルゲームの種類として，シミュレーションゲーム，アクションゲーム，ロールプレイングゲームが挙げられる。シミュレーションゲームとは，ゲーム上で現実の体験を行うようなゲームを指す。ゲームの中で恋愛の真似事をしてみたり，お店を経営してみたりと様々な体験をする。中には電車や飛行機を操縦するものもある。アクションゲームは，指でボタンなどを操作して，画面上の対象物に動きを伴わせる点が特徴である。最近では，指による操作でなく，全身を使って指示をするものも多くなってきた。アクションゲームには，対象物を撃つシューティングゲーム，車などの乗り物で競うレースゲーム，様々なスポーツを行うもの，その他にもパズルゲームなどがある。ロール

---

1)　清水 (2002) pp. 29-32。

プレイングゲームとは，操作者が担当するゲーム内のキャラクターを操作し，ゲーム内の世界を冒険したりするものを指す。ドラゴンクエストというロールプレイングゲームは，デジタルゲームが広がりだした時代には，購入のために徹夜で並ぶ人が続出するなどの社会現象にもなった。

これらのデジタルゲームが世間に浸透した背景には，デジタルゲーム産業各社の日々のイノベーションの積み重ねがある。サイトウ・小野（2007）は，UI（ユーザーインターフェイス）といわれる利用者の操作感を考え，テレビゲーム業界が蓄積してきた以下の4点を「ゲームニクス」と呼んでいる[2]。この言葉はテレビゲームの"GAME"とエレクトロニクスやメカニクスの"-NICS"を組み合わせた造語である。

(1) ストレスと快感のバランス
(2) コントローラーの存在を限りなく意識させない
(3) マニュアルを読まなくても使い方が分かる
(4) いつの間にか機能を使い込めるようになる

ゲームはこのように，常に利用者のニーズを反映し進化しているとともに，ITがもたらした変化に適応し，日々，その役割も変化しつつある。

1-2　ゲームの進化とオンライン化

正確にいつどこでということは不明であるが，ゲーム自体は，相当昔から存在していたと考えられる。古くはほとんど道具を必要としないじゃんけんやコイン投げ等の簡単なゲームに始まり，主にボードと駒という道具を利用した将棋やチェス，麻雀といったテーブルゲーム，そして現代に入りその進化は急速に早まりアーケードゲームや家庭用テレビゲームといったコンピュータゲーム，さらにMMO-RPG（Massively Multiplayer Online Role-Playing Game; 多人数同時参加型ロールプレイングゲーム）やネットワーク対戦型ゲームに見られるネットワークゲーム，最近ではネットワークゲームに並行する形で携帯電話やスマートフォンで楽しむものまで存在する。

特にITがもたらしたイノベーションは，ゲームの産業にも大きなインパクトを与えた。インターネットの普及は，プレイヤー間を相互に結びつけること

---

2) サイトウ，小野（2007）pp. 8-11。

図表14-1　ゲームの発展

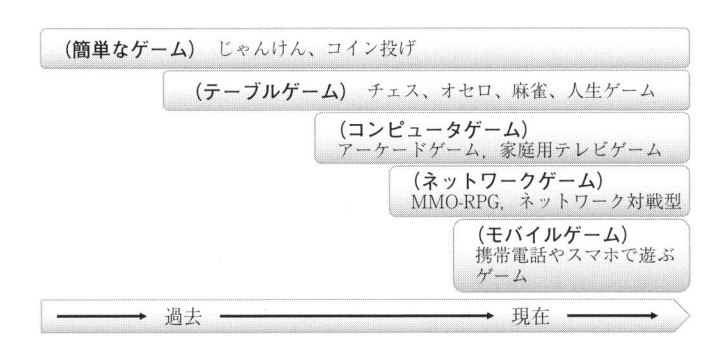

(簡単なゲーム)	じゃんけん、コイン投げ
(テーブルゲーム)	チェス、オセロ、麻雀、人生ゲーム
(コンピュータゲーム)	アーケードゲーム、家庭用テレビゲーム
(ネットワークゲーム)	MMO-RPG、ネットワーク対戦型
(モバイルゲーム)	携帯電話やスマホで遊ぶゲーム

　←―――― 過去 ――――――――― 現在 ――――→

から，コンピュータゲームをネットワークゲームへと大きく進化させたが，次第に携帯電話でインターネットにアクセスする利用者がパソコン経由の利用者を上回り，また端末の性能の向上により，プログラムをダウンロードして端末上で実行させることが可能になったことから，モバイルゲーム市場を急拡大させた。

　具体的には2008年頃より，ゲーム産業に大きな変革が訪れる。ソーシャルゲームといわれる，主にソーシャルネットワーク上で提供されるオンラインのウェブブラウザゲームが急速に広まる。特に日本の場合，携帯電話で遊ぶことを基本とした，グリーとモバゲーという2つの大勢力が，急速に成長した。

　ソーシャルゲームが急に広まった背景には，それが通勤や待ち時間の"暇つぶし"というニーズを満たす存在だったからといわれている。しかし，どのような会社もやがて急成長期から，安定的な成長，または成長が鈍化し，時にはマイナス成長になることすらある。2013年頃より，ソーシャルゲームの市場の拡大に歯止めがかかる。その理由は，ネットワーク環境を必ずしも必要としないネイティブアプリといわれるものが台頭し始めたことによる。ネイティブアプリは，ソーシャルゲームのような通信にかかる時間が生まれず，いわゆる「サクサク動く」と表現されるように快適にゲームを遊ぶことができる。

　このように日々，ゲームそのものだけでなく，ゲームを取り巻く産業と市場も大きく変化している。

2　ゲームの可能性

2-1　シリアスゲーム

　ゲーム産業がITにより飛躍したことは，その応用可能性も格段に広がったことを意味する。デジタル化以前より，ゲームを娯楽以外の目的に利用する試みは存在し，そのようなゲーム分類をシリアスゲームと呼ぶ。

　SGラボ[3]が2008年に発表したパソコン用のソフトウェアである「D-Moment～巨大地震編～」では，大地震が起こった場合の判断を選択式で選んでいき，高層ビルからの脱出を図る内容となっている。ワシントン大学が2008年に開発したパソコン用のソフトウェアである"Foldit"は，タンパク質構造予測を行うゲームである。携帯用ゲーム機であるNintendo DSのソフトウェアには料理のレシピ集や，語学の学習を目的としたものも数多く存在する。

　このようなシリアスゲームと呼ばれる研究は，諸外国では先行して進められており，特にマーク・プレンスキー（Marc Prensky）はデジタルゲームが教育に応用可能なことを主張している。またオンラインゲームの歴史教育への応用については，東京大学の馬場章らがCREST[4]において2005年度から2009年度にかけて研究を行っている。この研究では，歴史教育への興味の上昇，成績の向上などの検証などが行われており，一定の効果があるとされた。

　このようにIT化により，ゲームは教育をはじめとして，様々な用途への応用を広げつつある。またITに限らず，ゲームそのものの可能性も，2-2や2-3に示すように，使う側の工夫により，大きく広がる。

2-2　ビジネスの交渉を知るモノポリー

　モノポリー（Monopoly）とは，2つのさいころの出目により，ボード上を周回し，お金をやり取りする，5人程度で行うゲームである。止まったマス（土地）に所有者がいなければ購入することができ，その後，他のプレイヤーが自身の所有マスに止まればレンタル料を得ることができる。止まったマスに他の所有

---

[3]　同社はスクウェア・エニックス・ホールディングスと学習研究社が2006年に合弁で設立したが，2009年に解散した。

[4]　独立行政法人科学技術振興機構が行う戦略的創造研究推進事業のことである。

者がいれば逆にレンタル料を支払う。この繰り返しにより，自身の資産を増やし，他のプレイヤーを破産に追い込む。

　色分けされたマスのうち，同一の色のマスをすべて所有すると独占状態となり，そこに家やホテルを建設することが可能となる。すると高額のレンタル料を徴収できるようになる。つまり色分けされたマスを，さいころの目に従いランダムに購入していくが，いかに同じ色のマスを所有（独占）するかが，ゲームの勝敗のポイントとなる。その際，さいころの目に従うだけでは偶然性のみによるゲームとなり，勝敗がつきにくい。しかしこのゲームでは他のプレイヤーとの土地の取引の交渉ができる。交渉では，いかに自身の所有するマスを独占状態にするかを考える。

　プレイヤーAが3つある同色のマスのうち2つを所有しており，あと1つをプレイヤーBが所有している場合は，プレイヤーAはプレイヤーBに取引の交渉を持ちかける。プレイヤーBが100ドルで購入したマスであっても，プレイヤーAにとってはそのマスの所有により独占状態となり，より高額なレンタル料を得ることが可能になるため，プレイヤーAはプレイヤーBが購入した価格の倍以上の価格でもそのマスを欲しいと思うかもしれない。プレイヤーBは，プレイヤーCやDとの競争の状況を考慮に入れつつ，そのマスをAにいくらで売却するか，またはプレイヤーAを有利にさせないために取引を拒絶するかの選択を考えることになる。

　なお当該ゲームのタイトルであるモノポリーという英語は「独占」を意味する。読者はモノポリーというゲームが教育に役立つと聞くと，ミクロ経済学で学ぶ「独占企業は，利潤の最大化を目指す結果，（限界費用）＝（限界収入）となる供給を行う。つまり供給量は減少し，価格は上昇する結果，社会的余剰は完全競争状態よりも少なくなる（社会的損失が発生する）」といった内容を学ぶことを想像するかもしれない。確かにモノポリーをプレイした後にミクロ経済学の独占の講義をすれば，上記の理解に少し貢献するかもしれない。しかしこのモノポリーというゲームの実践では，そのような知識を学ぶ目的よりは，教科書や講義式の授業では学べない，取引における交渉の基本を学ぶことに適している。

　モノポリーのゲーム要素を整理すると，確かにさいころという偶然性を基本

図表14-2　モノポリーにおける取引交渉

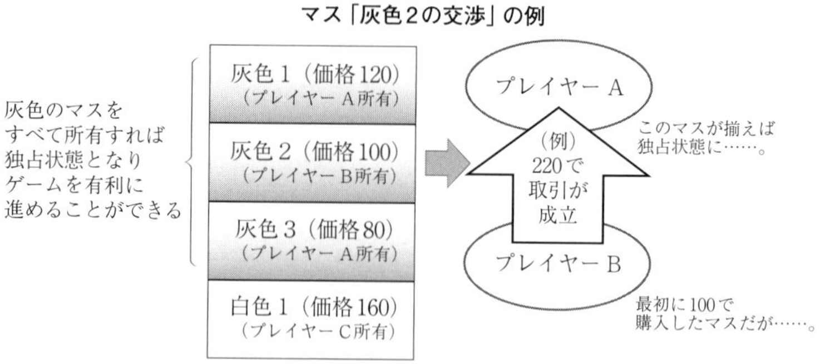

マス「灰色2の交渉」の例

```
灰色のマスを          ┌─────────────┐
すべて所有すれば      │灰色1（価格120）│      ┌──プレイヤーA──┐
独占状態となり        │（プレイヤーA所有）│      │                │      このマスが揃えば
ゲームを有利に        ├─────────────┤      │                │      独占状態に……。
進めることができる    │灰色2（価格100）│  ⇒  │  （例）         │
                      │（プレイヤーB所有）│      │  220で          │
                      ├─────────────┤      │  取引が         │
                      │灰色3（価格80） │      │  成立           │
                      │（プレイヤーA所有）│      └──プレイヤーB──┘
                      ├─────────────┤                              最初に100で
                      │白色1（価格160）│                              購入したマスだが……。
                      │（プレイヤーC所有）│
                      └─────────────┘
```

とするものの，そこには交渉力と判断力を交えることでゲームの展開を自分に有利に進めるというところから，戦略性に富んだゲームということができる。その他にも，ルールを熟読すると，確率と期待値を駆使すること，資産・負債管理を学ぶことなど，多くの学習の要素に気づく。

2-3　チームで創造力を磨くマシュマロ・チャレンジ

マシュマロ・チャレンジ (marshmallow challenge) とは，「スパゲティ20本」「紐90cmほど」「マスキングテープ90cmほど」「マシュマロ1個」をチームに与え，マシュマロを一番上に乗せた自立タワーを作り，高さを競うというものである。時間は18分，1チームは4人とされる。

マシュマロ・チャレンジについて研究を行っているデザイナーのトム・ウージェック（Tom Wujec）が，興味深いプレゼンテーションを行っている[5]。同ゲームでは，ビジネススクールの学生より幼稚園児の方が優れているという。その理由を「ビジネススクールでは，適切なプランを1つ作るように教えられ，プランの通りに実施するため，マシュマロを上に乗せる頃には時間がなくなっている。マシュマロを載せた瞬間，タワーが崩れる。一方で幼稚園児はマシュマロを最初に上に置いて次々と試作品を作るため，試作品を何度も修正できる」としている。この方法について，ウージェックは「デザイナーなら，その作業こそ反復型プロセスの本質だと気づく」という。

---

5)　「トム・ウージェック：塔を建て，チームを作る」ホームページ。

[コラム] モノポリーのケーススタディを観察

　大学2年生25人（一部，博士研究員を含む）を各5人，5チームに分け，約70分でモノポリーをさせてみた[6]。時間が限られていたため，あらかじめ土地のマスを2枚ずつ各プレイヤーに配布してスタートさせた。

　結果は，時間内に破産プレイヤーが生まれたのは1チームのみであったが，ゲーム後の各プレイヤーの資産状況と交渉回数を見返したところ，資産を増やしているプレイヤーは交渉を持ちかけた形跡が見られた。ゲーム後，このような結果を確認するとともに，具体的な交渉の振り返りも行う。

　例えば，交渉では片方のプレイヤーのみの独占が成立する場合，つまりマスとお金の取引の場合は交渉が成立しづらいが，互いに独占が成立する取引，つまりマス同士をやり取りするWin-Winの取引では交渉が成立しやすい。また破産寸前のプレイヤーAは，マスを手放さざるをえない状況となり，そのような場合に他のプレイヤーBはそのマスを手に入れることで独占状態を成立させやすい一方で，別のプレイヤーCは独占を阻止すべく競売に参戦する必要がある。そのような場合，複数の需要が存在し当該マスの価格は上昇する。一方で需要がないマスは最初の買値でも売ることができない状況に陥るなど，単純化された小さな世界において，経済取引を分かりやすく体験できる。

　ゲームという小さな擬似世界を通じて，今まで教科書などで学べなかった取引の経験を得ることができるのである。

　マシュマロ・チャレンジをやることで「グループが仲良くなってよかった」という結果も良いが，ウージェックが述べるようにこのグループデザインワークでは，特に工学部生や社会人にとって，作りながら，失敗を繰り返し，学んでいくという点が大切なポイントである。これはデザイン同様，ものづくりでも基本ともいえる。

　一般的には，同ゲームはアイデアと創造性を駆使して目標を成し遂げることを目標とし，チームビルディングの効果があるとされる。チームの中における自分の役割とチームへの関与や貢献を振り返ることも学びになる。つまりチームでプロジェクトに取り組む際のシミュレーションを行うものである。

[6] 2014年度に福井大学教育地域科学部「経営学概論」の授業にて実施した。

[コラム] マシュマロ・チャレンジのケーススタディを観察

　大学生約40名をランダムに10チームに分け，同ルールを説明後に実施したところ，半数のタワーは自立しなかったものの，約70cmのタワーのほか，ユニークな約45cmのタワーを完成させたチームもいた[7]。

写真14-3　授業における大学生のマシュマロ・チャレンジの作品例

　多くのチームが，設計図や図を描き，または最初に考え，その通りにやろうとする。勝敗は最初におおよそ予想できた。優勝チームは最初から席に着かず，初めて話をした者同士，自己紹介もそこそこに全員が前の教壇に出てきて，鉛筆を持たず自然に試作を始めた。あーでもない，こーでもないと手を動かしながら試行錯誤を繰り返し，12〜13分ほどで作り上げた。15分ぐらいまで，さらに高くしようとがんばっていたが，残り3分になり自立することに重点を置く。

　ユニークなものを作ったチームは最初からマシュマロにスパゲティを突き刺してその後土台を作った。マシュマロを後から「上に乗せる」という発想は最初からなかった。

　ウージェックは幼稚園児の結果が良いと述べたが，まさにそれは第1章で述べた「思考の枠」にとらわれずにものづくりをした成果ではないだろうか。

　ウージェックは，どんなプロジェクトにも固有のマシュマロがあるという。マシュマロ・チャレンジを通し，適切な試作をするための　共通の体験，共通の言葉，共通の態度が築かれることが，このゲームの価値だとする。

---

7)　2014年度に福井大学共通教育「現代社会とビジネス」の授業にて実施した。

3 オンラインゲームの可能性

3-1　インターネットは20世紀後半の産業革命

　産業革命 (industrial revolution) といえば，多くの読者がイギリスにおける18世紀後半からの技術革新を思い浮かべるだろう。イギリスにおける産業革命は労働集約型から資本集約型への生産革命であり，工場の大規模化と設備投資により大量生産を実現し，同時に労働者1人あたりの生産性の向上に寄与した。また都市部への人口集中など，社会構造の大変革をもたらした。

　産業革命とは，産業構造の大転換が起こることで，産業だけでなくその国の社会全体の変化をもたらすほどの多大な影響を持つ。またその影響は一国の産業や社会に限らず，19世紀に入り他の国々へと広がっていく。

　このように考えた場合，産業革命に近い変化は16世紀前後にも起こったといえる。それは大航海時代の到来である。15～16世紀までの貿易は国の境界を越えたインターナショナリゼーションであった。しかしフェルディナンド・マゼランが世界一周を成し遂げたこの時代に，インターナリゼーション（国外への国際化）からグローバリゼーション（地球規模の一体化）への第一歩を踏み出した[8]。商人は単に国境を越えるビジネスより，はるかに利鞘を稼ぐことのできる地球の反対側までの長距離貿易を志向し，ビジネスの規模が拡大していく。つまり各地に住む人々にとって，それまでは地球の大半が未知であり，ビジネスにも地域の制約と限界があったものの，大航海時代の到来は未知の部分を大幅に減らすことに成功した。その結果，地点と地点を結ぶ線のビジネスが，世界を見わたす面のビジネスへと変化した。そしてこのような産業の大規模化は，やがて現在の株式会社制度の基礎とされる1602年のオランダの東インド会社の設立につながる[9]。その後，証券取引所の原型が生まれ，現在の資本主義の礎を築く。

　この大航海時代の到来は，最初に長距離航海の達成という成功があり，その後に長距離貿易という効果を徐々に生み出した。イギリスの産業革命もまたイ

---

[8]　一般的にグローバリゼーションが語られる場合，環境や戦争，その他貧困問題などにも触れられるが，ここではビジネスの範囲でとどめておく。

[9]　1600年に設立されたイギリスの東インド会社は，現代株式会社のルーツという意味では2年後のオランダのものと異なる。

ギリス発で，その後徐々に世界に広がっていくという時間的推移を見せた。このように世の中の大きな変化は，最初の変化とその後の効果を生み出す変化を見ることができる。

　そして20世紀終盤に起こった産業革命が，インターネットによる情報革命である。情報革命も最初はインターネットそのものに注目が集まった。「ドットコム会社」といわれたIT関連ベンチャーへの株式投資が行き過ぎ，ITバブルという社会現象をも引き起こした。その後，ITバブルは崩壊したものの，確実にインターネットは既存の産業に変革の波をもたらしている。例えばこれまでは書店で手に取り中身を確認して購入することが多かった本は，自宅にいながらワンクリックで購入できるようになった。証券取引所からは売りと買いをマッチングさせる「場立ち」を消し去った。今や電話のオペレーターさえ必要とされないこともあり，クリックで株式売買という目的を達成できるようになった。

　図表14-1で確認したように，ゲームの世界も同様である。既存のアナログゲームにおける進行の処理がコンピュータに置き換わっただけではない。離れた場所同士の人と人の意思をオンラインでつなぐことができるようになり，共同でゲームを行うことができるようになった。

　21世紀前半の今は，最初の変化の次に来る，まさに新しい社会へと変革する時代の真っ只中にあるといえる。

3-2　気づきと擬似経験を得る多人数同時参加型のオンラインゲーム

　2-1でシリアスゲームについて触れた。現在の多人数同時参加型オンラインゲームの基礎となったともいえる，多人数が各端末からサーバーにアクセスすることにより同時にオンライン上でつながることのできるMMOシステム（Massively Multiplayer Online System）は，インターネットの特徴を活かした技術である。インターネットの利用は，一個人が様々な情報にアクセスすることができる形，個人と個人をオンラインで結びつけることができる形など様々であり，それぞれを応用したビジネスも存在する。しかしMMOシステムを基礎にすると，ゲームを娯楽以外の目的に応用できる可能性を持つ。

　MMOシステムを用いたゲームはブロードバンド環境が整った2000年代に

> [コラム] イギリスの産業革命と同時期に起こった日本の勤勉革命
>
> 　イギリスにおける産業革命が起こっていた時，日本では勤勉革命（industrious revolution）[10]が起こっていたとされる。イギリスにおける資本集約の質を高める生産性向上とは異なり，勤勉により労働集約の質の高め生産性向上を図るものであった。
>
> 　ではなぜ同じ島国である日本とイギリスにこのような対照的な生産性向上が進行したのであろうか。それは利用可能な土地の面積に原因があったとされる。イギリスは当時，海外の植民地も含めると，実際には広大な土地に対して労働者の割合が低く，労働者1人あたりの生産性向上が求められた。一方で，日本では当時すでに多くの土地が開拓されており，労働者1人あたりより，単位面積あたりの生産性向上が求められた。そのような対照的な背景が，それぞれの生産性向上に向かった理由だとされる。
>
> 　またこのような勤勉革命の精神は，現在までの日本人の勤勉さを培ったともいわれる。同時期に起こった生産性向上の革命も，まったく違った考え方に基づき別の場所で進行したという事実において，第1章で述べた多面的なものの考え方の大切さを示唆している。

入り，MMO-RPGといわれるゲームの世界で広く普及してきた。従来のデジタルゲームでは，プレイヤーがあらかじめプログラミングされたコンピュータからのアウトプットのみを楽しむのが基本的な形であるが，MMO-RPGでは複数のプレイヤーがサーバーへの同時アクセスを通じてリアルタイムに世界を共有する。すると多人数の他者による行動を情報として受け取るが，これらはあらかじめプログラミングされたものではないため予測が不可能である。プログラムとは違い，人間の行動は常に最適な選択を行うとは限らないからである。すると予測できない他者の行動に，プレイヤーはその時々で新たな対応を求められる。

　例えば金融経済をオンラインゲームでは，次のような教育効果が生まれる。
① 金融経済を机上の学問としてではなく，ゲーム参加者により形成された価格やノイズを含んだ，より現実に近い「動く経済」の擬似体験を学ぶ。

---

10) この言葉は経済学者の速水融氏が名づけたとされている。

② 不確実性下の予測不可能な擬似コミュニティが教材であることから，自己の判断や行動について，リスクが伴い，それらへの経験を養う。
③ 授業実施効果をフィードバックし，その結果に基づき，ゲーム教材をオンラインで常時更新アップデートすることができる。するとゲーム教材のノウハウの蓄積を行うことができ，教材の質の向上を図ることができる。
④ チャット機能等を利用することで，疑問点を教員だけでなく，リアルタイムで参加者同士共有し解決を行うという，ピアラーニングになる。

3-3　ビジネスシミュレーションゲーム

　麻雀をはじめとして，ゲームのようなものの誕生した時代から現在まで，ゲームには多分にリスクとリターンの要素が存在する。その要素自体が現代社会で生きるために必要な一部であるが，現代のゲームにはビジネス要素を学べるものが多い。

　例えば複数の種類が存在している農牧場経営ゲームの1つでは，作成した作物の出荷ルートや宣伝方法などの選択により販売結果（得られる収益）が変わる。より生産に重きを置くような別のゲームでは，肥料の投与や設備投資により，作物の出来高を左右する要素を持つ。さらに生産された作物の取引価格の変動という要素を持たせ，投資の考え方を分かりやすく説明するゲームもある。その他，都市開発や村おこしをテーマとしたゲーム，会社やお店を経営する，経営ゲームそのものも多数存在する。

　一方で，一見，経済経営ゲームではないものにおいても，ビジネスの要素に関係するものもある。戦国シミュレーションゲームでは，時として有能な人材の抜擢や引抜きを行い，適材適所に配置することでゲームを有利に進めることになる。同部類のゲームでは，真正面から戦をしかける方法以外にも相手勢力を取り込む方法があり，このような考え方は経営戦略にも参考になる。また別の種類では，キャラクターを育成し闘わせるようなゲームにおいて，人材育成に通じる要素が存在する。

　また筆者はゲームを主目的とせず，ビジネスの基礎を学ぶ高校生から大学生が学ぶゲーム型のオンライン教材を作成した。参加者が起業の流れとビジネスの基本を知ることを目的としている。この教材は2つのステージに分かれてい

図表14-4　筆者が作ったオンラインビジネスゲームの流れ

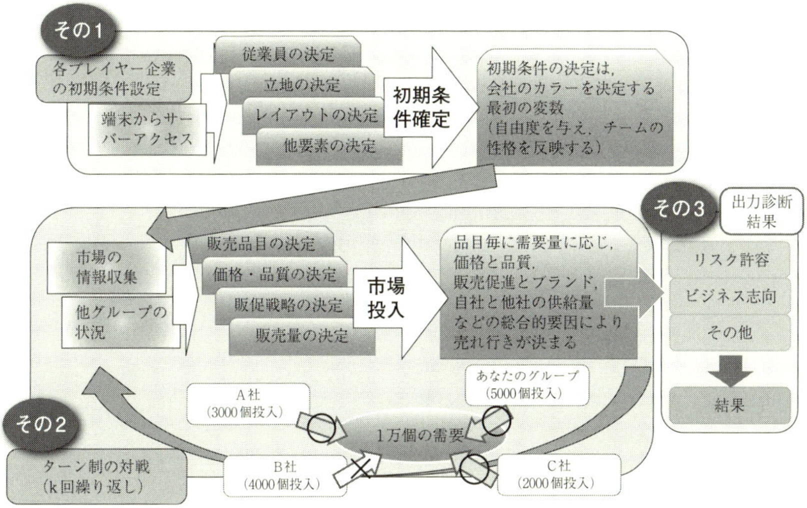

る（figure 14-4）。

　最初のステージは，起業準備編であり，参加者は当該ゲームがアップロードされている大学のサーバーにインターネットブラウザでアクセスし，参加パスワードを打ち込む。そしておよそ10分から15分で次の操作を行う。

① 簡単なビジネスに対する考え方の質問に回答。
② 店長と従業員を採用。
③ 出資と融資を合わせ，資金調達。
④ 出店場所を決定。
⑤ 店のレイアウトの決定。

　これらの作業を，このゲーム型オンライン教材のすべての参加者が別々に行う。
　そして次のステージは，参加者同士の季節によるターンごとの顧客の奪い合いの対戦である。1ターンは次の流れで進む。

⑥ 全体の需要が変わる需給変動イベント，個別の参加者に影響を与えるイ

第14章　ゲームがもたらす可能性　　187

図表14-5 出店場所の選定では月々にかかるテナント料も考慮

図表14-6 対象とする顧客に応じたレイアウトの設計

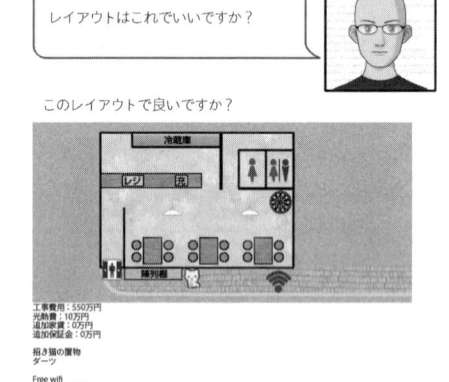

ベントの発生。
⑦ 今ターンの資金調達。
⑧ 当該ターンの研究開発や販売促進にかける費用の決定。
⑨ 生産商材の決定。
⑩ 生産個数，販売価格の決定。

本ゲーム型オンライン教材では基本的に，①から⑤を終えると，あとは⑥から⑩を定められた期間，繰り返し行う。

図表14-7　診断の一例

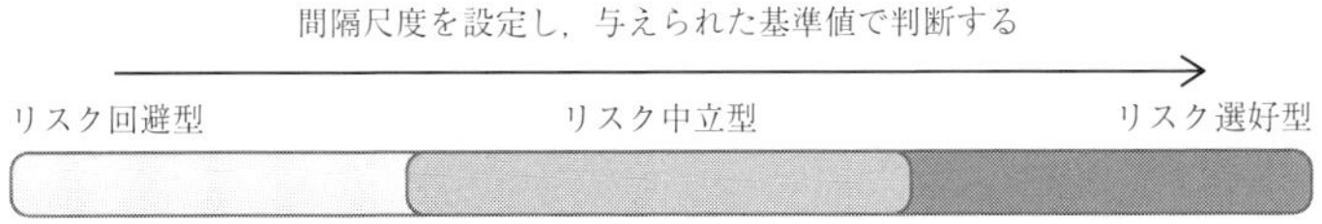

間隔尺度を設定し，与えられた基準値で判断する

リスク回避型　　　　リスク中立型　　　　リスク選好型

　①から⑩のすべての意思決定による入力は，2つの結果につながる。1つはゲーム要素の部分である。つまりいかに自社の売上を伸ばし，利益を確保するかといった点である。限られた全体の需要の中で，他社との顧客属性や商材選定，価格設等の差別化により自社の優位性を出すことが求められる。予測不可能な他の参加者の行動履歴を見ながら，次のターンの自分の意思決定をするという点は，MMOシステムで実現可能になる。もう1つの結果は，参加者の行動ログを分析した診断である。こちらは本来の目的の教育部分に当たる。ほぼすべての入力結果を分析し，参加者個々に行動パターンをフィードバックする。その結果，参加者は自分のビジネスに対する志向を知ることができる。

　このオンライン教材は，本章1-1の偶然性，戦略性，駆け引き，ストーリーの4要素を入れたゲーム型である。しかし参加者により入力された内容は，ゲームの売上や利益といった結果だけではなく，あらかじめ定めた間隔尺度は，診断として，例えばリスク許容度の分析も出力する（**図表14-7**）。

　本ゲーム型オンライン教材は，知識教育だけでは限界があるとされる，行動経済学の考え方である「人間は正しい情報を与えられても，必ずしもその情報の通りに合理的には行動しない（伝統的な経済学では説明ができない社会現象や経済行動の存在）」という課題を解決する可能性がある。起業とビジネスのシミュレーションという座学では経験できない体験学習となるからである。

　起業教育において，経験は高い効果を生むと考えられるが，日本は「失敗が許されない社会」と揶揄される。「起業を経験してみる」ことは，起業家の人生を「チャレンジ」ではなく「博打」とすることになる。しかし教科書を利用した学習の限界はもちろん，いわゆる非デジタルのゲーム教材，非オンラインのデジタルゲーム学習においても，あらかじめ設定したルールやプログラムに従い，インプットに対するアウトプットがなされるだけであることから，起業

の経験学習は難しい。よってたとえシンプルな体験学習であっても，このような一昔前の大学の授業では実現できない教育は，MMOシステムによる恩恵であるといえる。

④ ゲームで社会的課題を解決

　ゲームはその要素をきちんと学び，娯楽という思考の枠から外に出て，その活用方法を考えた時，思わぬ解決法を導き出す可能性がある。特に今まではどちらかというとネガティブなイメージが先行していたゲームであるからこそ，まだまだ未開拓な領域は大きい。

　ゲームの可能性を切り拓く大きなきっかけとなったのが，20世紀後半に誕生したインターネットである。この産業革命の種は，社会に蒔かれてまだ20年である。従来の産業革命同様に，その効果の花を咲かせるのはこれからではないだろうか。つまりゲームが社会的課題を解決しだす日がこれから来る。その鍵はゲームではなく，筆者が教材をゲーム型としたように，娯楽という思考の枠を超えゲームに拘らないことである。ゲームを1つの要素，またはプログラミングの一部分と捉える点にあるといえる。

［インタビュー］　プログラミングは無限に試行錯誤できる最高の道具!!

（株式会社jig.jp代表取締役社長）福野泰介さん
　福野さんは，まだ30代半ばという若さながら，すでに10年以上の歴史を持つITベンチャーの創業者社長です。同社の事業内容は，携帯電話やスマートフォンなど，モバイルデバイス向けのアプリを企画・開発・提供しているとのことです。つまりビジネスモデルは，アプリの有料販売，アプリを介した取引手数料，アプリ内の広告販売です。
　ご年齢と社歴からすると，福野さんはかなり若い時に起業されたようです。起業のきっかけを聞いてみました。
　「福井高専在学中に，地震の研究に関するプログラミングで手伝ったことをきっかけに，ゲームじゃないプログラミングのおもしろさに目覚めた」とのこと，「その研究室にいた先輩に誘われ始めたプログラミングのアルバイトで

社会の役に立てることを体感」したそうです。

「卒業後，ドットコムブームと周囲の大人たちの応援を追い風に，その先輩と佐世保高専出身の先輩含む3名で福井大学発のベンチャーを起業し（ただし，福野さんだけ大学生ではなかった），技術担当役員（CTO）として共同創業者となりました。方向性の違いから，翌年にスピンアウトし再度起業し，初の社長となりました。モバイルアプリの研究開発を事業の主軸として2年間続けましたが，企業向けの取引のみのスタイルに限界を感じ，一般向けに自社企画のアプリを提供する会社，株式会社jig.jpを設立し，今に至ります」。

株式会社jig.jpの設立前にも起業し，様々な経験をされてきた様子が分かります。また何事も始めてみないと分からないことが多いものですが，気づきを得て上手く方向転換され，今の成功につなげておられることも興味深いですね。

では，そもそもなぜ福野さんはプログラミングの世界に飛び込み，アプリ開発を始められたのでしょうか。

「小学3年生で出会ったプログラミングは，無限に試行錯誤できる最高のものづくりの道具でした。人間の進化は道具の進化です。インターネットとアプリによって道具の進化が飛躍的に加速する現代，かつて不可能だったものが次々と現実のものとなっていきます。世界中の人に使ってもらえるアプリを創り，1人ひとりの夢がどんどん実現する，かつてない豊かな社会を創りたいと思っています」。

福野さんの想い，プログラミングの可能性がよく分かりますね。インターネットは確かに現代社会に変革を起こしましたが，プログラミングという道具を用いることで，ビジネスを通じ変革の波を自ら作り出すことができるようです。

さて株式会社jig.jpは，東京都で2003年に設立されましたが，その翌年2004年に福井県鯖江市に開発センターを設置しています。また現在も地域や学校と連携した取り組みに積極的です。確かに福野さんは福井高専ご出身ですが，なぜ今でも福井県や鯖江市にこれほどの縁や想いがおありなのでしょうか。そこを聞いてみました。

「石川県で生まれ，愛知県，三重県，福井県と親の転勤によって移り住み，プログラミングの趣味によって縁ができたのが鯖江市にある福井高専です。今の会社は，その先生，先輩，同僚，後輩のつながりなくして語れません。福井高専時代に色んな経験をさせてくれたこの『おもしろ地域』を，ますます発展させるために，自分が受けた以上の『おもしろ環境』を創り，今の学

第14章　ゲームがもたらす可能性　　191

生に提供したいと思っています。鯖江市，福井県は新しいことに寛容です。オープンデータや，電脳メガネなどのウェアラブルデバイスを活かした新しい取り組みを，業種業界官民を越えて一緒に取り組める技術と土壌は，世界中を探してもココだけです。このラッキーを最大限に活かして，世界を変えるモノを生み出せるチャンスを感じる最高の地元です」。

地域から得たものを地域へ還元する，また地域自体が新しいものを受け入れる包容力と世界展開への可能性があるということがよく分かります。福野さんは，自分が育った地域との関わり方としてのロールモデルを示してくださいました。

最後にこれからキャリア形成の第一歩を踏み出す学生に，福野さんからメッセージを頂きました。

「創造の一歩を踏みだそう。最初はみんな大したことがなくて当たり前です。どんな些細なことでも，自らが生み出した何かは社会に何らかの影響を与えます。社会からのフィードバックを楽しみながら創り続けたことで，自分の得意不得意が見え，気が合う仲間が見つかり，視野と夢が広がりました。インプット過多で消化不良になりがちな現代，アウトプットでデトックスしましょう！」。

［課題］
1. あなたが今までの人生で遊んだゲームを3つ挙げて，その偶然性，戦略性，駆け引き，ストーリーの4要素は何かを分析し，一覧にせよ。
2. あなたの身のまわりで，ゲーム性の4要素が入っているが，ゲームとはされていないものを挙げよ。
3. 社会的課題を1つ挙げ，その課題をあなたの考えたゲームを用いて解決する手法を提案せよ。新しいゲームが思いつかない場合は，まだ応用されていない既存のゲームによる解決方法の提案でもよい。また提案はデジタルゲームやオンラインゲームに限る必要はない。

［主要参考文献］
1. 清水亮（2002）『ネットワークゲームデザイナーズメソッド』翔泳社。

2. サイトウアキヒロ・小野憲治（2007）『ニンテンドーDSが売れる理由』秀和システム。
3. マーク・プレンスキー／藤本徹訳（2009）『デジタルゲーム学習——シリアスゲーム導入・実践ガイド』東京電機大学出版局。
4. 竹本拓治（2011）『教養のミクロ経済』萌書房。
5. 「トム・ウージェック：塔を建て，チームを作る」ホームページ（http://www.ted.com/talks/tom_wujec_build_a_tower?language=ja）。

監修者

松重 和美（まつしげ　かずみ）

四国大学学長。米国 Case Western Reserve 大学にて Ph.D. 課程修了。九州大学教授を経て，京都大学大学院工学研究科教授，同大学国際融合創造センター長，国際イノベーション機構長，京都大学ベンチャー・ビジネス・ラボラトリー 施設長などを歴任し，2004年から4年間余京都大学副学長（産学連携・知財担当）も務めた。2013年4月より現職，また同年12月より徳島県教育委員長。京都大学名誉教授。

編著者

竹本 拓治（たけもと　たくじ）

1973年，京都府京都市生まれ。同志社大学大学院総合政策科学研究科総合政策科学専攻博士後期課程修了。博士（政策科学）同志社大学。学生時代に教育サービスを中心として起業，学位取得後，京都大学中核の研究機関研究員，大手前大学および京都大学非常勤講師，京都大学経営管理大学院経営研究センター特命講師を経て，現在，福井大学産学官連携本部 准教授，タイ国立チャンカセム・ラチャパット大学客員教授。研究領域は，中小企業金融，グローバル経済とキャリア・アントレプレナーシップ，シリアスゲーム研究（経済・経営教育への応用）。〔まえがき，第1章，第4章，第7章，第14章〕

分担執筆者

越智 郁乃（おち　いくの）

1978年，愛媛県新居浜市生まれ。広島大学大学院社会科学研究科国際社会論専攻博士課程後期修了。博士（学術）広島大学。学位取得後，広島大学特別研究員，京都大学グローバルCOEプログラム「親密圏と公共圏の再編成をめざすアジア拠点」研究員，福井大学産学官連携本部研究機関研究員を経て，現在 兵庫県立大学地域創造機構 特任助教，関西大学文学部 非常勤講師。研究領域は，現代日本の葬送祭祀の変容と地域社会論，フィールドワークを取り込んだキャリア教育・地域志向教育。〔第2章，第8章，第11章〕

佐藤 直樹（さとう　なおき）

1975年，神奈川県横浜市生まれ。名古屋大学大学院環境学研究科社会環境学専攻博士後期課程単位取得退学。博士（社会学）武蔵大学。ネットメディアを起業，知財コーディネータ，ベンチャーリサーチャー，インキュベーションスタッフを経て，現在，福井大学博士人材キャリア開発支援センター 特命助教。研究領域は，持続可能な社会へ向けての環境社会論，博士のキャリアデザイン，金融社会論。〔第3章，第10章〕

岡田 敬志（おかだ　たかし）

1978年，京都府京都市生まれ。北海道大学大学院工学研究科環境資源工学専攻 博士後期課程修了。博士（工学）北海道大学。学位取得後，大学の博士研究員，教育関係職員（キャリア教材開発やプログラムの実践）を経て，現在，福井大学産学官連携本部特命助教。研究領域は，機能性ダイヤモンド粒子の合成といった材料開発，廃ガラスの再資源化や希少金属回収といったリサイクル技術開発。〔第5章，第9章〕

宮井 浩志（みやい　ひろし）

1979年，和歌山県有田市生まれ。神戸大学大学院自然科学研究科食料フィールド科学専攻単位修得退学。博士（農学）神戸大学。徳島大学地域創生センター特任助教，福井大学産学官連携本部研究機関研究員等を経て，現在，四国大学地域教育・連携センター准教授。研究領域は，農産物のブランド化や六次産業化を通じた地域活性化論，サブカルチャー論，地域・産業人材育成に向けたキャリア教育。〔第6章，第12章〕

若新 雄純（わかしん　ゆうじゅん）

福井県若狭町生まれ。慶應義塾大学大学院政策・メディア研究科政策・メディア専攻修士課程修了。修士（政策・メディア）慶應義塾大学。学位取得後，人材・組織開発コンサルティング会社を起業，慶應義塾大学SFC研究所上席所員（訪問）等を経て，現在，慶應義塾大学大学院政策・メディア研究科特任助教。福井大学産学官連携本部客員准教授。その他に，若年無業者が取締役に就任する「NEET株式会社」会長や，女子高生が自治体改革を担う公共事業「鯖江市役所JK課」プロデューサーなども務め，新しいワークスタイルや組織づくりを模索する実験的プロジェクトを多数企画・実施。研究領域は，産業・組織心理学とコミュニケーション論，成熟社会における個人と組織の多様な成長モデルと，それを促すコミュニケーションデザイン，キャリア開発。〔第13章〕

キャリア・アントレプレナーシップ論
――地域を創造するキャリアのデザインと真の男女共同参画社会の構築――

2015年10月20日　初版第1刷発行

監修者　松　重　和　美
編著者　竹　本　拓　治
発行者　白　石　德　浩
発行所　有限会社 萌　書　房
　　　　〒630-1242　奈良市大柳生町3619-1
　　　　TEL（0742）93-2234 / FAX 93-2235
　　　　[URL] http://www3.kcn.ne.jp/~kizasu-s
　　　　振替　00940-7-53629

印刷・製本　共同印刷工業・藤沢製本

Ⓒ Takuji TAKEMOTO, 2015（代表）　　　　Printed in Japan

ISBN 978-4-86065-095-7